登山ボディのつくり方

芳須 勲

山と溪谷社

山登りでいちばん大切なことは、
笑顔で歩き、無事に下山すること。

それは、手軽なハイキングでも、
厳しい縦走でも一緒です。

少し登っただけで
心臓がバクバクして苦しくなったり、
下りでひざがガクガクと震えるようでは、
ちょっと不安。

ここで紹介する簡単なエクササイズは、
楽しく安全に山に登る第一歩です。

何よりも、日常生活のなかでできる
エクササイズを始めることが大切。

楽しみながら健康的な
登山ボディをつくれば、
今より登山が好きになり、
長く登り続けることができるでしょう。

芳須 勲

Contents

目次

どこまでも歩いていける…、
健康な体をつくるために。

1

理想の登山ボディとは

私が登山ボディのつくり方を解説します！

登山ガイド
芳須 勲
よしず・いさお
（健康運動指導士、管理栄養士）

登山向きのボディとは

基本の体力があること

　これまで運動習慣のなかった人にとって、登山はとてもつらくハードなスポーツに思えるかもしれません。しかし、実際は登山に必要な基本の体力を身につけ、自分の体力・技術に見合った山やコースを選べば、だれでも気軽に始めることができるレクリエーション型のスポーツといえます。

登山に必要な体力

行動体力	**・バテずに登り続ける力** （筋持久力・全身持久力など） **・危険を避けてケガを防ぐ力** （敏捷性《びんしょうせい》・巧緻性《こうちせい》・平衡性《へいこうせい》など）
防衛体力	**・アウトドアに強い体質** （免疫機能・体温調節機能など）

登山ボディに必要な基本の体力はみな同じ

　ひとことで登山といっても、だれでも気軽に始められる里山や低山ハイキングから、岩壁を登るクライミング、野山を走るトレイルランニングまで、さまざまなバリエーションがあります。

　テレビや雑誌などに登場する有名な登山家のように、断崖絶壁の岩山を体ひとつでよじ登ったり、激しい吹雪のなか、雪崩や高山病と戦いながら登頂するようなハードな登山を行なったりするには、とても高度な技術や体力が必要となります。もちろん、それらをめざす登山家たちは専門的なトレーニングを行なっています。しかし、そういった登山家たちも最初から特別なトレーニングを行なっていたわけではありません。みな、山歩きなどを楽しむうちに体力が身につき、レベルアップした結果なのです。クライミングやトレランは一見、里山ハイキングとはまったく違ったスポーツに思えますが、基本となる体力は同じです。

登山を始めたばかりの人なら、「いつかは富士山に登ってみたい」「いつかはテントを背負って縦走をしてみたい」「いつかは槍ヶ岳に登ってみたい」「いつかは雪山に挑戦したい」など、憧れの山や登山スタイルを心に描いていると思います。それらの夢を叶えるために無理なトレーニングをする必要は一切ありません。日常生活のなかで簡単な運動（エクササイズ）＆食事習慣を心がけ、登山に必要な基本の体力を持った「登山ボディ」をつくりましょう。また、登山の正しい知識や経験を身につけていき、一歩ずつステップアップすれば、やがて登山のバリエーションが広がり、見たことのないような美しい風景やすばらしい経験に出会えることでしょう。

まずは「登山は苦しい」というイメージを捨てて、自分の体力や技術に見合った登山を楽しんでみてはいかがでしょうか？

登山の種類と必要な体力

行動体力を向上させるには①

行動体力=バテずに登り続ける力+危険を避けてケガを防ぐ力

バテずに登り続ける力

これらの力は体を動かす原動力のようなもの。登山の基本中の基本といえる体力です。「息が切れなくなった」「重い荷物を背負えるようになった」「長距離を歩いても疲れなくなった」など、エクササイズによる効果をとても実感しやすい体力です。定期的に登山に行くことで維持・向上することも可能です。

急勾配や重い負荷に負けないボディ(筋持久力)

長時間、重い荷物を背負って坂道を歩き続ける登山にとって、とても大切な体力要素です。

登山の場合、「ハァハァゼェゼェ」と息が切れるようなペースで歩くことはありません。あまり心拍数の上がらない「のんびりペース」で筋肉に負荷をかけ続けるような運動で発揮される体力が筋持久力です。

☞筋持久力アップはP30「**急勾配や重い負荷に負けないボディをつくる**」

高所でも息切れしないボディ(全身持久力)

筋肉を動かすためには酸素が必要です。空気中の酸素をしっかりと体内に取り込み、循環させて、効率よく筋肉で酸素を使う能力が全身持久力といえるでしょう。この体力は、循環器系や呼吸器系といった心肺機能に大きく影響されます。とくに標高の高い山では酸素が少ないため、全身持久力は重要な体力要素です。

☞全身持久力アップはP46「**高所でも息切れしないボディをつくる**」

瞬間的に大きな力を持つボディ(筋力・瞬発力)

登山には重量挙げのように一瞬で最大のパワーを爆発させる動作や、100m走のように速さを必要とする動作はありません。災害時やレスキュー時など、まれな環境で必要になることもありますが、一般的な登山では筋力・瞬発力を使う機会はほとんどありません。ですから日常生活で身につく程度の筋力を持っていれば、とくにエクササイズによって強化する必要はないでしょう。

危険を避けてケガを防ぐ力

これらの力は、いざというときに発揮されることが多いため、普段の登山では実感できず、自分の能力のレベルに気づかない人がほとんどです。たとえ定期的に登山をしていても、家でのエクササイズを怠っていると、加齢とともに低下していきます。登山歴数十年のベテランの人でも注意が必要です。

☞ケガを防ぐ力アップはP53「**ケガをしない登山ボディをつくる**」

危険を察知して素早く避けるボディ（敏捷性《びんしょうせい》）

つまずいて転びそうになったり、上から石が落ちてきたり、岩場から滑落しそうになったり。登山をしていると危険回避のために素早い判断・動作が必要になる場合があります。敏捷性は単なる動作のスピードを示すものではなく、正確に判断し、動作するまでの伝達・処理能力といった要素も含んでいます。

険しい岩場も巧みに歩けるボディ（巧緻性《こうちせい》）

早口言葉のように、頭では理解していてもうまく舌が動かないという場合があります。巧緻性とは、巧みに動作する能力のことです。登山においても、目の前にある岩や木々に手を伸ばして正確につかんだり、足場の悪い道や岩場を正確な足運びで渡ったりするような、動作の「器用さ」が大切になります。

ヤセ尾根でも安定して歩けるボディ（平衡性《へいこうせい》）

日常生活において、体の平衡感覚を保つ場合、視覚による情報に多く依存しています。目を閉じて片足立ちをするとフラフラしてしまうのは、視覚による情報が入ってこないためです。登山の場合、斜面やデコボコな道を歩くため、平坦な道に比べて視覚による水平がわかりづらく、より高度な平衡感覚が必要になります。

しなやかに障害を避けるボディ（柔軟性）

転倒時のケガの予防や関節痛の予防として柔軟性は大切です。また、登山道で障害物を避けたり、疲労しづらい歩行技術を身につけたりするためにも、とても大切です。登山をしているだけでは柔軟性は向上せず、逆に加齢によってすぐに低下してしまうので、毎日、家でストレッチをする習慣をつけましょう。

行動体力を向上させるには②

「自分に合った運動量」を継続させること

運動を適切に行なえば、年齢・性別・運動経験・体力などのさまざまな要因に関わらず、だれでも運動の効果を得ることができます。しかし、無我夢中できつい運動をすれば効果が出るというものではありません。適切な運動量は人それぞれです。一般的なトレーニング本に書いてあるのはあくまで目安の運動量です。体力には個人差があるので、自分の体に聞きながら「自分に合った運動量」を模索していきましょう。

週に何回やればいいのか（頻度）

→疲労がたまらないギリギリの頻度がベスト

せっかく運動をしても、その後、長い間サボってしまえばすぐに元に戻ってしまいます。逆に、前回の疲労が回復する前にエクササイズをしてしまうと、疲労がどんどん蓄積されてしまい、あまり効果が期待できないばかりか、ケガをする恐れもあります。

どれだけのきつさがいいのか（強度）

→「ちょっときつい」くらいがベスト

同じ重さのダンベルを使ってエクササイズを行なっても、重いと感じる人もいれば、軽いと感じる人もいます。適切な強度は年齢・性別・運動経験・体力・体調など、個人によって大きく異なります。そのため、運動の強度は主観的なきつさ、目標の回数を反復できる重さ、心拍数といった指数を目安に設定します。

どれくらいの時間やればいいのか？（時間）

→エクササイズの種類によって調整するのがベスト

たとえば「時速７㎞でジョギングする」といったきつさを設定しても、「何分走るのか」によって運動量は大きく異なります。運動時間はエクササイズの種類によって調整しましょう。

ジョギングや自転車など、有酸素系の運動には「○○分」の単位を使います。また、本書ではダンベル（または水の入ったペットボトル）などを使ったエクササイズの場合、「連続して筋肉を刺激する時間＝連続反復回数」として考え、運動時間を「○○回」や「○○セット」といった単位で目安を紹介します。

「自分に合った運動量」は3つのバランス

運動の頻度を増やせば強度や時間を減らし、強度を増やせば頻度や時間を減らすといったように、頻度・強度・時間を調整して「自分に合った運動量」を決定していきます。しかし、どれかひとつが大きくずれてしまうとよい効果は得られません。大切なのは3つの要素のバランスなのです。

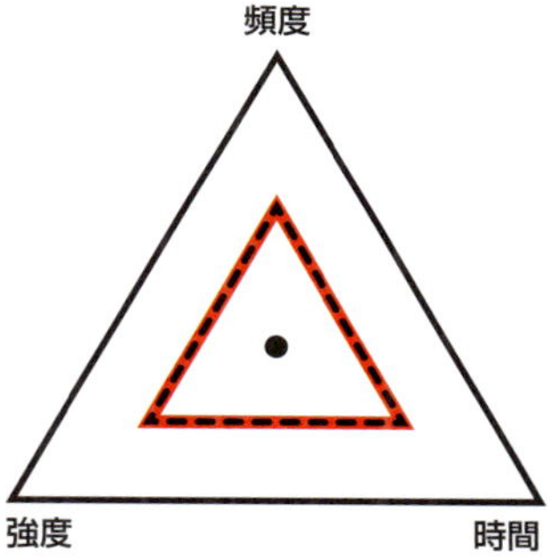

家でのエクササイズ

頻度・強度・時間のバランスを適切に調整することが可能。

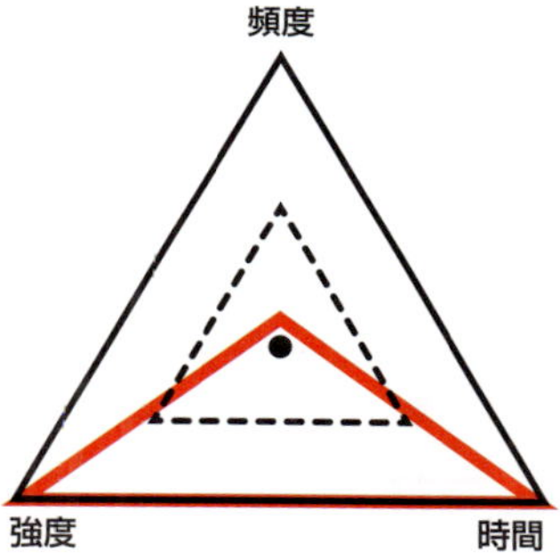

登　山

頻度・強度・時間のバランスの調整が難しい。

登山ボディをつくるのは家でのエクササイズ

登山の場合、日常生活（仕事・学校など）に天候といった条件も加わるため、月に1～3回程度しか登りに行けないという人が多いと思います。しかし、月に1～3回程度では頻度が少なく、体力を向上させる適切な運動量とはいえません。また、急勾配が続く富士山と、緩やかな勾配の高尾山では運動の強度が異なります。運動強度・運動時間のバランスから考えると、強度の高い運動は時間を短くしなければなりませんが、実際には富士山のほうが時間をかけなければ登ることができません。

このように登山では自分に合った運動量（頻度・強度・時間）を調整することがとても難しいため、とくに運動初心者の人では効率のよい運動効果を期待することができません。

ですから、登山ボディをつくるためには、月に1～3回程度の登山に加えて、家でもエクササイズを行ない、日ごろから「自分に合った運動」を継続させることが大切です。

防衛体力を向上させるには

規則正しい生活と「経験」「知識」「装備」が大切

登山は自然を相手に行なうので、一般的なスポーツに比べると気温・気象の変化などのさまざまな外的ストレスがかかります。それらに耐えるために下記のような防衛体力を持った登山ボディが必要となります。しかし、防衛体力は個人差が大きいうえ、いまだ解明されていない点が多く、向上させるための特別なエクササイズなどが確立されていないのが現状です。

一般的には「規則正しい生活のリズム」が大切といわれているので、本書で紹介するエクササイズを定期的に行ない、バランスのよい食事を心がけ、日ごろから体調管理に気をつけましょう。

また、防衛体力は経験・知識・装備によってカバーすることができるので、登山に関する最新の情報を集めたり、講習会・山岳会などに参加して、常に勉強することが大切です。

主な防衛体力

- **厳しい山の気候に耐えられる体質**
  （体温調節・高度順応力など）
- **毒虫・バイ菌・花粉などに対する抵抗力**
  （免疫力など）
- **疲労や道迷い、遭難時の冷静な判断能力**
  （精神力など）

規則正しい生活のリズム

- **バランスのよい食事**
- **定期的な運動**
- **適度な休養や睡眠**
- **精神的ストレスの少ない環境**

防衛体力をカバーする三本の矢

経験

観天望気（空を見て天気を読む力）や、読図（地図を読む力）などを身につけることによって、悪天候や道迷いなどを回避することができます。また、歩くフォームやペース配分、パッキングの方法など、経験によって体力の消耗を抑えることができます。

観天望気や読図は本などで知識として知ったうえで、実際のフィールドで経験しながら身につけましょう。

知識

創傷などは適切な処置を施すことで細菌感染のリスクを軽減できます。また、アレルギー体質の人は医師に相談して、緊急時に医療機関で治療を受けるまでの補助治療剤が入った自己注射器（エピペン）を処方してもらうといった対処法もあります。

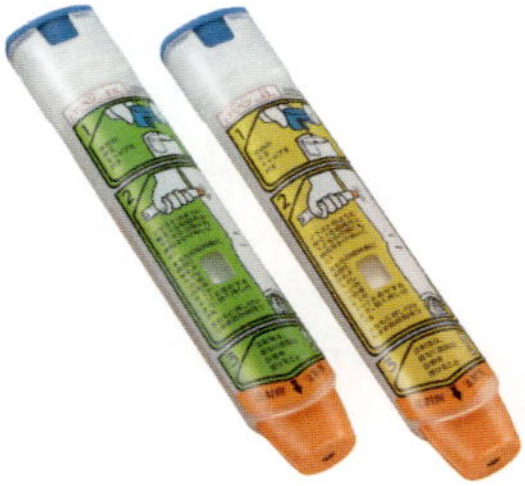

自己注射器エピペン。ハチに関しては注意が必要です。一度刺されたことのある人は医師に相談してみましょう。

装備

低体温症を防ぐため、服の重ね着をしたり、ツエルトをかぶったり。暑いときには手ぬぐいを濡らして首元を冷やしたり、UVカットのウェアや日焼け止めなどで紫外線から身を守ったり。装備によって体力の低下や危機的状況に陥るのを防ぐことができます。

ツエルト。装備で荷物が重くなり、無駄な体力を浪費しないよう、軽くコンパクトな装備をそろえましょう。

あなたの登山ボディ度チェック

あなたはいくつクリアできますか?

登山は他人と競争するスポーツではなく、大自然と向き合うスポーツです。年齢差に関係なく、全員が同じ勾配、同じ気候条件のなかを歩かなければなりません。そのため、登山を安全に楽しむには、老若男女問わず、ある一定レベル以上の体力が必要になります。

近年では中高年の登山者による遭難・事故が増加しています。なかには、自分の体力に見合った登山計画を立てたり、体力の限界になる前に無理せず引き返したりしてさえいれば防げたケースもたくさんあります。

この登山ボディ度チェックは、老若男女問わず「危険を避けてケガを防ぐ力」と「登り続けてもバテない力」に重点をおいて、ハイキング&軽登山に必要な体力をチェックするものです。登山をしていない同世代の人の平均値よりも高い体力がなければクリアできないチェック項目もありますが、ぜひチャレンジしてみてください。

体力は年齢とともに低下していきます。とくに「危険を避けてケガを防ぐ力」は、普段しっかりと登山をしている人でも低下している場合が多いので、「自分は大丈夫」と過信せずにチェックをしてみましょう。

チェック項目は5つ
いくつクリアできるかを数えましょう！

□ 片足立ち靴下履き　□ イス片足立ち　□ イス足開閉
□ 踏み台昇降　□ 上体起こし

チェック時の注意点

簡単な体力チェックです。
無理せず楽しんでください！

- 軽く準備体操を行なってから測定してください
- 苦しくなるほど無理はしないでください
- 体調の悪い人、お酒を飲まれている人、転倒の危険のある人は行なわないでください
- 気分の悪くなった人は途中で中断してください

☞チェック結果の診断はP27へ

◎体力チェック1

しなやかさとバランス感をチェック

片足立ち靴下履き

片足立ちをしたまま、靴下を一度履いて、脱ぎます。その間、軸足がずれたり、その場から動いたりしてはいけません。左右両足でチェックします。

Check Point!
前かがみにならないように注意です。

Check Point!
ガニ股にならないように注意です。

◎クリア条件

左右両足ともブレずに履ければOK

この種目が苦手な人は…

フラフラしてしまう人は平衡性が、ガニ股になってしまう人は柔軟性が不足しています。ヤセ尾根でバランスを崩したり、障害物をしなやかに避けられなかったりすると、とても危険です。転倒や滑落などの事故を起こさないよう、平衡性や柔軟性を改善していきましょう。

☞ 苦手な人はP60「バランス体操」で克服しよう！

◎体力チェック 2

力強さとバランス感をチェック

イス片足立ち

イスに浅く座った状態から、片足で立ち上がります。軸足がずれたり、その場から動いたりしてはいけません。左右両足でチェックします。

1
イスに座った状態で、片足を前に伸ばして浮かし、両手を胸の前で交差させます。

2
イスに浅く腰かけ、軸足のかかとがお尻の下にくるようにして、前傾になります。

3
浮かせた足は伸ばしたまま、軸足だけで一気に立ち上がります。

◎クリア条件

左右両足ともブレずに立てればOK

この種目が苦手な人は…

立ち上がれないようなら筋力不足、フラフラするのなら平衡性が不足しています。重い荷物を背負い急勾配を登る、あるいは転びそうなときに体を支えるには筋力が必要になります。いざというときに、しっかりと踏ん張ることができるよう下半身の力をつけましょう。

☞ 苦手な人はP34「四股踏み」で克服しよう！

◎体力チェック3

スピードと足の器用さチェック

イス足開閉

イスに座った状態で、できるかぎり素早く両足を対称に開閉させます。10秒間に何回開閉できるかを数えます。足がもつれた場合は数えません。

①
イスに浅く腰かけ、手はイスに置きます。床にふたつ折りにした新聞紙を敷き、その上に両足をそろえて乗せます。10秒の間に足を何回開閉できるかを数えます。

②
基本姿勢から、新聞紙の外側をタッチし、戻って1回とカウントします

足をそろえた状態から

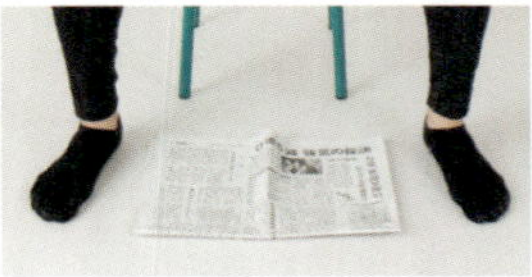

外側をタッチ

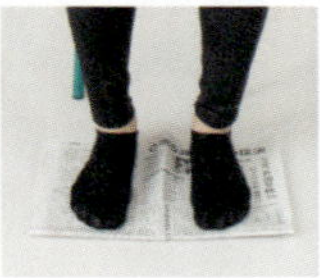

元の位置に戻します

◎クリア条件

10秒間に18回以上できればOK

この種目が苦手な人は…

10秒間に18回開閉ができなければ敏捷性不足。足がもつれてしまうなら巧緻性（足運びの器用さ）不足です。岩場やクサリ場で、思ったように足を運べなかったり、浮き石に足をとられる危険があります。自分が次に踏むべき場所に、しっかり足を運べるように練習しましょう。

☞ 苦手な人はP62「ラダートレーニング」で克服しよう！

体力チェック 4

心肺機能の強さをチェック

踏み台昇降

踏み台や段差を使って、3分間昇降を繰り返し、心拍数を上げ、運動直後1分間の脈拍を1回だけ測ります（このチェックは踏み台昇降の簡易版です。実際の心肺機能測定とは異なりますので、あくまで目安として考えてください。平常時脈拍が60～70回／分の人で、心疾患などの既往症がない、一般成人の人が対象です）。運動経験の多い人や高齢の人は脈拍数が低い結果になる場合もあります。

脈拍の測り方

左手首の親指付け根にある動脈を右手の人差し指・中指・薬指の3本で軽く触れ、脈拍を数えます。安静時などは、きちんと1分間の脈拍を測ったほうが正確に測定できますが、運動時は1分の間に脈が変動してしまうため、15秒間の脈拍数を測り、その数値を4倍して1分間の脈を推測するといった方法もあります。

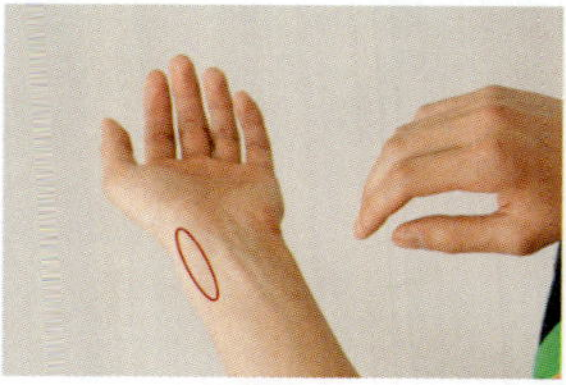

赤い印のあたりに触れ、ドクドクと脈が感じられればOK。

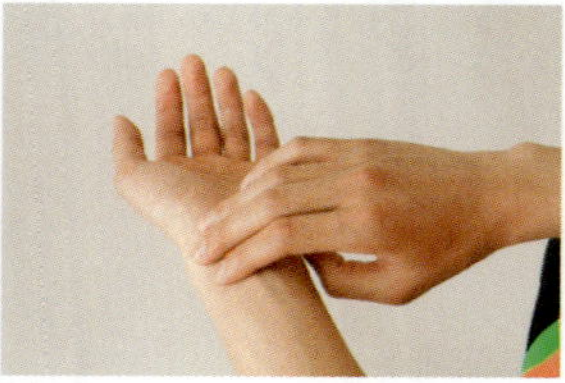

必ず3本の指で測定しましょう。

脈拍を測ることは自分の体調を知るうえで大切です。登山中も、こまめに脈をチェックする習慣をつけましょう。

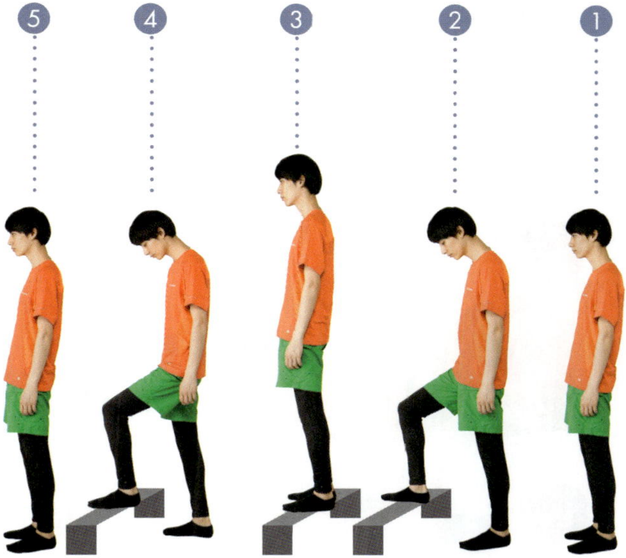

高さ20～30㎝の踏み台を利用します。踏み台がない場合は階段などの段差を利用して行ないましょう。写真❶～❺まで（両足が昇って降りるの）を１回と数え、２秒に１回（１分間に30回）のペースで３分間（90回）昇降します。左右どちらの足から昇ってもかまいません。３分間の昇降が終わったら、すぐに１分間の脈拍を測ります。

◎クリア条件

直後の脈拍数が90～110回/分程度ならOK

この種目が苦手な人は…

　昇降運動で脈が上がりすぎてしまうとNGです。登りですぐに息が切れてしまうため、登りが苦しいものに感じられてしまいます。登山をもっと楽しくするためにも、普段の生活から速歩きをするなどし、心肺機能を高めましょう。また、３分間で90回昇降するペースについていけないならば、筋力不足です。心肺機能とともに筋力も向上させましょう。

☞ 苦手な人はP48「速歩き」で克服しよう！

◎体力チェック**5**

筋肉のバテやすさをチェック

上体起こし

腹筋運動を可能なかぎり素早く反復します。30秒間に何回行なうことができるかをカウントします。

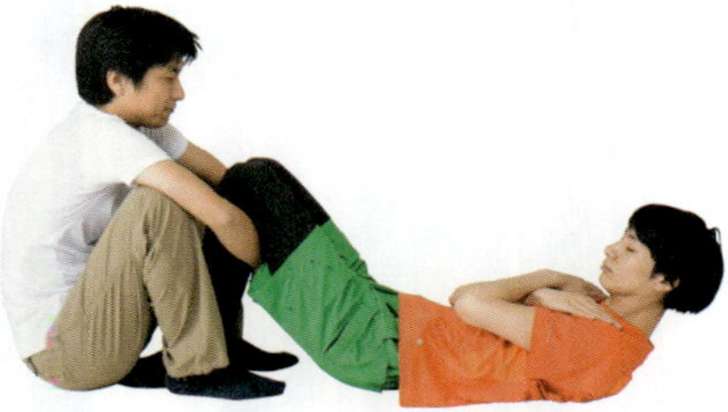

①
床やマットなどの上に仰向けで寝ます。両腕を胸の前で組み、ひざを90度に曲げ、足を補助者に押さえてもらいます。

②
できるだけ素早く上体を起こします。両ひじと太ももがつけば1回としてカウントします。背中がマットにつくまで戻し、これを反復します。

◎クリア条件

男性は20回、女性は15回以上でOK

この種目が苦手な人は…

30秒以内に目標回数をクリアできなかったり、途中でバテてしまったりして上体を起こせなくなってしまう人は筋力が不足しています。登山中、重い荷物でバテてしまい、下りのときにひざがガクガクと震えてしまうこともあります。しっかりと体幹（胴体）を支える力をつけましょう。

☞ 苦手な人はP43「レッグレイズ」で克服しよう！

チェック結果を診断!

"OK"が0~2の人

まずは歩くことから始めましょう

日常生活で、もっと歩くことを心がけましょう。また、コースタイムが1～2時間程度のコースを選び、週末のハイキングで基本の体力アップをめざしましょう。

"OK"が3~4の人

いろいろな山で楽しみましょう

山にはそれぞれ個性があります。いろいろな山で安全に登山を楽しめるよう、苦手な項目をエクササイズで克服しつつ、バランスのとれた体力アップをめざしましょう。

すべてが"OK"の人

さらなるステップへ挑戦しよう

山に必要な基本の体力は持っています。3000m級の山や、縦走、雪山など、次の目標を持って、さらなる体力アップをめざしましょう。

体力アップを始める前に!

危険を避けてケガを防ぐ力を優先的に向上させよう

警察庁が発表している山岳遭難事故の統計(平成23年度版)によれば、遭難を発生の原因別に見た場合「疲労」が5.8%であるのに対して、「滑落・転倒・転落」の合計は34.5%と、約6倍になっています。体力チェック項目のチェック1「片足立ち靴下履き」、チェック2「イス片足立ち」、チェック3「イス足開閉」の種目は「滑落・転倒・転落」に大きく関わっている体力をチェックしています。もしも、これらの種目のなかに苦手がある人は、その克服エクササイズを重点的に行ないましょう。

Column

山に登ることが一番のトレーニング？

登山の熟練者たちは昔から、「登山の体力をつけるには山に登るのが一番だ」と言います。

これは、YESでもありNOでもあります。トレーニングには「特異性の原則」というものがありますので、頻度・強度・時間を調整さえできれば、目的と同じ運動条件で行なうトレーニングは一部の行動体力（行動を持続する力）をつけるうえで最高の種目といえるでしょう。登山で使う体力は登山すれば鍛えられるということです。しかし、登山に必要な体力は、それだけではありません。行動を調節する力（敏捷性・巧緻性・平衡性・柔軟性）は登山だけでは向上しにくく、登山の熟練者のなかにも低下している人がたくさんいます。この行動を調節する力は「いざ」という場面で発揮することが多いので、しっかりと向上させておく必要があります。そのため、家でのエクササイズも必要となります。

登山初心者は「体力は家でのエクササイズで」、「技術・経験は月に数回の登山で」向上させるとよいでしょう。

登山には体力を身につけないと習得できない技術・経験があります。そして、その技術・経験を基にさらに体力を向上させ、それに見合った技術・経験を重ねます。こういった繰り返しによって、登山ボディはつくられるのです。

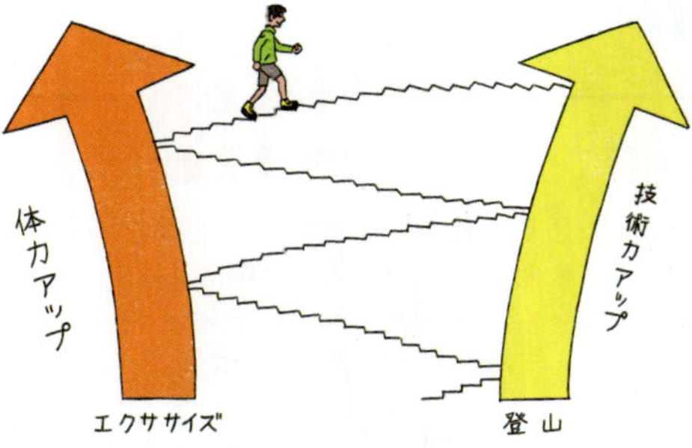

エクササイズと登山を組み合わせて登山ボディをつくりましょう。トレーニングのためよりも、楽しむために登ったほうが、より山を好きになれます。きれいな空気を吸い、美しい景色を見て、おいしい山ごはんを食べれば日ごろのストレスも解消できて、防衛体力も高まります。

2

バテない登山ボディをつくる

急勾配や重い荷物に負けないボディをつくる

筋持久力を向上させる

筋持久力は同じ筋肉をどれだけ繰り返し使い続けることができるかを指す体力要素です。筋持久力を向上させるには、負荷を用いたエクササイズ（いわゆる筋トレ）が必要になります。登山はほかのスポーツに比べると複雑な動きが少ないです。そのため「勾配を登る・下るための下半身の筋肉群」と「荷物など背負っても、しっかりと体幹（胴体）を支える上半身の筋肉群」が主なエクササイズの対象となります。

筋肉はエクササイズなどで大きな負荷がかかると筋繊維が損傷します。その後、充分な栄養・休息をとることによって、エクササイズ以前よりも高いレベルに回復（超回復）しますので、これを繰り返し継続することで、筋持久力が向上していきます。

エクササイズの対象となる筋肉

- **勾配を登る・下るための下半身の筋肉群**
  （太もも・お尻・ふくらはぎなど）
- **しっかりと体幹を支える上半身の筋肉群**
  （肩・背中・腰・腹筋など）

使っている筋肉を意識すること

運動に直接関与する筋肉（骨格筋）におよそ300種といわれています。それらは単独で動いているのではなく、ひとつの動作であっても、いくつもの筋肉が共同して体を動かしています。

たとえばイスに座った状態から立つだけでも、大腿四頭筋・大腿二頭筋・大臀筋・中臀筋など、たくさんの筋肉を使います。

登山でもたくさんの筋肉が使われています。しかし、多くの人が太ももの前側（大腿四頭筋）の筋肉ばかりに頼ってしまい、それらを補助してくれる小さな筋肉群をしっかりと動かせていません。

それぞれの筋肉のエクササイズを意識して行ない、目的の筋肉を動かせるようになれば、ひとつの筋肉だけに大きな負担をしいることがなくなり、急勾配や重い荷物に負けなくなります。

勾配を登る・下るための下半身の筋肉

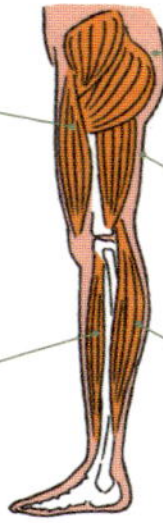

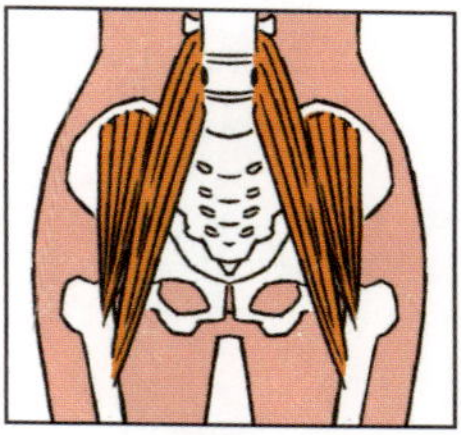

腸腰《ちょうよう》筋
股関節を前に屈曲（ももを上げる）

登山に欠かせない筋収縮の3タイプ

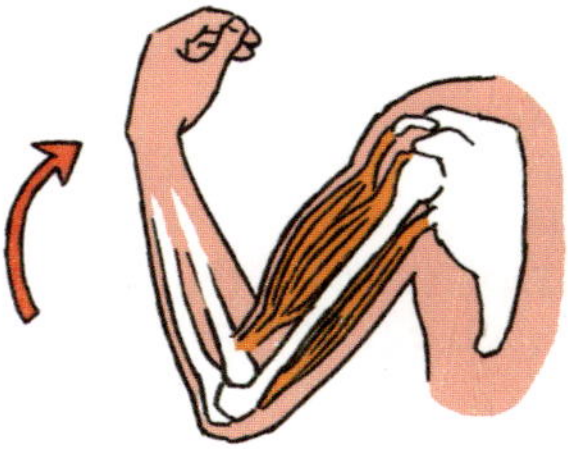

縮まる（短縮性）筋収縮

筋肉が縮まりながら、力を発揮する筋肉収縮です。重力と反対の方向に持ち上げるときに使われるので登山では主に登りに使用される筋収縮です。エネルギー消費が多く、その分、たくさんの酸素を必要とします。

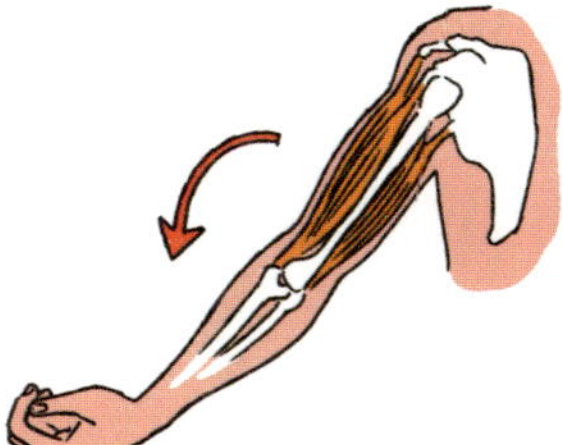

伸びる（伸張性）筋収縮

筋肉が伸びながら、力を発揮する筋肉収縮です。重力に対するブレーキやクッションとして使われるので、登山では主に下りに使用される筋収縮です。エネルギー消費は少ないのですが、筋繊維の損傷による筋肉の疲労がとても大きくなります。

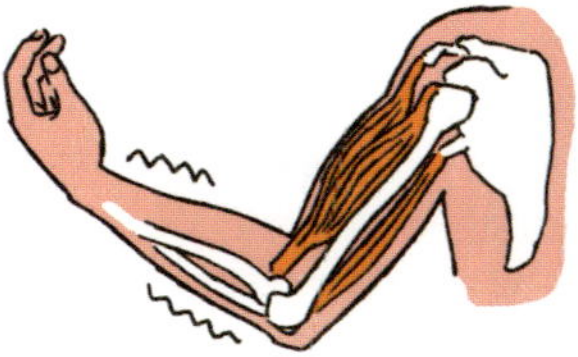

そのまま（等尺性）筋収縮

筋肉の長さが変わらない状態で、力を発揮する筋肉収縮です。登山では、腹筋・背筋・インナーマッスルなど、主に姿勢を保つのに使われています。

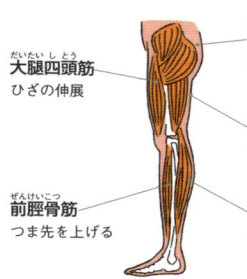

急勾配や重い荷物に負けないボディをつくる

登りで主に使われる筋肉

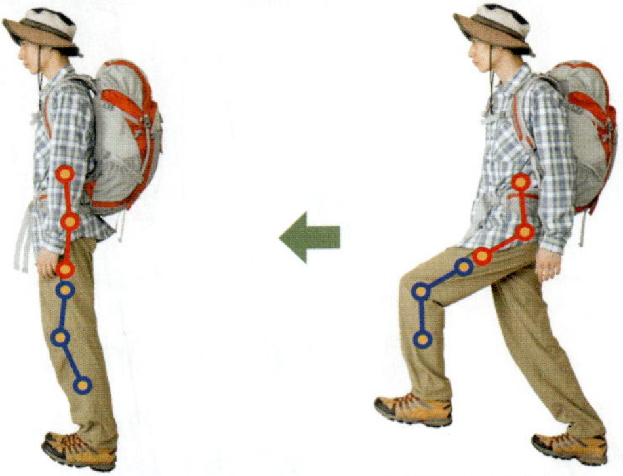

太ももを上げる動作（股関節の屈曲）＝腸腰筋（短縮性筋収縮）
太ももを下げる動作（股関節の伸展）＝大殿筋・大腿二頭筋（短縮性筋収縮）
ひざを伸ばす動作（膝関節の伸展）＝大腿四頭筋（短縮性筋収縮）
かかとを上げる動作（足首の伸展）＝下腿三頭筋（短縮性筋収縮）
姿勢を保つ動作＝腹筋・背筋・インナーマッスルなど（等尺性筋収縮）

下りで主に使われる筋肉

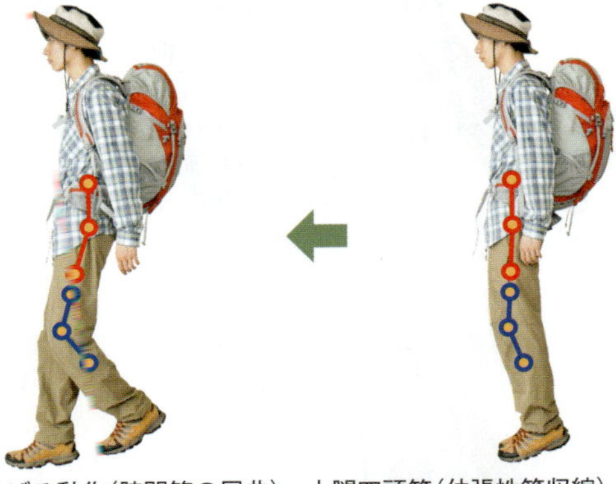

ひざを曲げる動作（膝関節の屈曲）＝大腿四頭筋（伸張性筋収縮）
かかとを下げる動作（足首の屈曲）＝下腿三頭筋（伸張性筋収縮）
姿勢を保つ動作＝腹筋・背筋・インナーマッスルなど（等尺性筋収縮）

登りと下りに使われる筋肉の“共通点”と“違い”

登りでも下りでも大腿四頭筋が使われる

左の写真を見比べてもらうと、一目瞭然。登りでは大きく動いている股関節（赤いマーク）が、下りではほとんど動いていません。そのため、下りでは股関節を動かす筋肉の腸腰筋・大殿筋・大腿二頭筋があまり使われません。それに比べ、膝関節（青いマーク）は登り・下りとも同じように動いているので、大腿四頭筋は、どちらでも使われていることがわかります。

筋肉の収縮に大きな違いがある

登りでは縮まる（短縮性）筋収縮によって、体を重力から反対の方向に持ち上げていた大腿四頭筋や下腿三頭筋は、下りでは伸びる（伸張性）筋収縮になり、ブレーキやクッションの働きをしています。このため、登りではエネルギー消費が多く、大量の酸素が必要で息が切れやすくなります。一方、下りでは疲労がたまりやすく、筋力低下による転倒が多くなります。

個々の筋肉を意識して使い、筋力を温存しよう

滑落・転倒といった山岳事故の大半は行程の４分の３を過ぎてから起こっています。

これは筋持久力不足によって大腿四頭筋の筋力が低下し、下りの際にブレーキの働きができなくなってしまうのが原因のひとつとして考えられます。

この解決法として、日々のエクササイズによって筋持久力をアップさせることと、登山のとき、登りでは大殿筋・大腿二頭筋をしっかりと使い、大腿四頭筋・下腿三頭筋に負担をかけないように意識し、下りのときのブレーキとして使うための筋力を温存しておくことが大切になります。

筋持久力アップに適切な運動量の目安

頻度	同じ筋肉を使うエクササイズを週に２～３日程度行ないましょう。
強度	20～50回程度の反復で限界になる重さのもので行ないましょう。
時間	20～50回の反復を２～３セット行ないましょう。

急勾配や重い荷物に負けないボディをつくる

エクササイズ1

筋力・柔軟性・バランス力をまとめてアップ

四股踏み

相撲の世界で伝統的に行なわれている下半身強化のエクササイズです。筋力を強化するだけでなく、平衡力・柔軟性も鍛えられるので、登山にも理想的なエクササイズです。

四股の基本はゆっくりと動くこと。ひとつの動作に2秒程度、1回の四股を8～10秒程度かけて行ないます。呼吸は深くゆっくりと、息を止めないよう注意しましょう。

主なターゲット

太ももの前側（大腿四頭筋）・お尻（大殿筋）など

1

足を肩幅よりやや広く開いて立ちます。しっかりと背筋を伸ばします。両手は体側の自然な位置におき、つま先は少し外側を向けます。

2

ゆっくりと軸足に体重を乗せていき、もう片方の足を浮かせて、軸足に引き寄せていきます。しっかりと重心のバランスをとります。

Check Point!
慣れないうちは、足をあまり高く上げすぎないようにしましょう。

③
軸足に重心が乗ったら、一方の足を徐々に横に持ち上げます。太ももに手を添え、しっかりとバランスをとりながら、可能なかぎり足を高く持ち上げ、そのままの状態で一旦、止まります。

Check Point!
つま先とひざが同じ方向を向くようにしましょう。

④
足を肩幅よりやや広い位置に下ろします。このとき、勢いよくドスンと下ろさず、バランスをとりながらゆっくりと下ろしましょう。

⑤
しっかりと胸を張ったまま、ゆっくり腰を割り（落とし）、動きを止めて股関節をストレッチさせます。また、ゆっくりと立ち上がり、❶の状態に戻ります。

はじめての目安

頻度	週2回
強度	自分の体の重さ
時間	左右交互に合計20回×２セット

＊簡単にできるようになったら回数やセット数をアップしていきましょう。

急勾配や重い荷物に負けないボディをつくる

エクササイズ2

登りで体を前に進める力をアップさせる

ヒップリフト

お尻の筋肉（大殿筋）は抗重力筋（姿勢を保つときに重力に対抗する筋肉）のひとつで、歩行中の体を支えています。また、登りで体を前進させる原動力になります。

主なターゲット
お尻（大殿筋）・太ももの裏側（大腿二頭筋）など

1
仰向けになり、かかとをお尻に近づけてひざを立てます。

2
ゆっくり息を吐きながら、お尻を真上に持ち上げます。太ももと胴体が直線になったら、一旦静止し、ゆっくり息を吸いながら、❶の状態に戻ります。

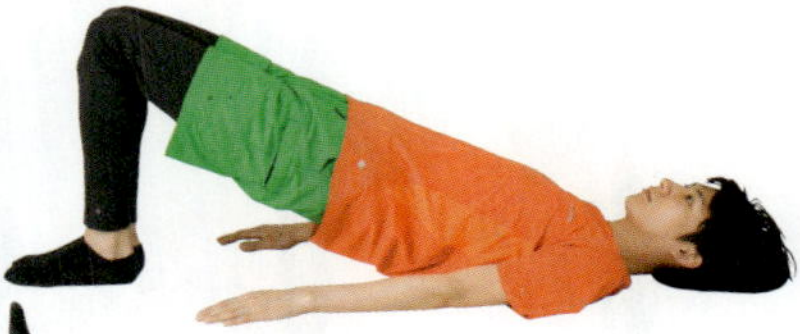

Check Point!
片足を持ち上げた状態で行なうと、より強度を増すことができます。

はじめての目安

頻度	週2回
強度	自分の体の重さ
時間	両足そろえて10回×2セット

※簡単にできるようになったら片足ずつ行ないましょう。

エクササイズ3

登りで体を押し上げる力をアップさせる

バックキック

お尻の筋肉（大殿筋）は重力に逆らい、体を前方に押し上げるときに力を発揮します。ヒップリフトとともに、お尻を引き締める効果がありますので、美容が気になる女性の方にもおすすめです。

主なターゲット

お尻（大殿筋）・太ももの裏側（大腿二頭筋）など

①
四つばいになり、片側のひざを少し浮かせた状態が基本姿勢です。浮かせたひざを胸のほうに引き寄せます。その後ゆっくり息を吐きながら足を後方斜め上へ向かって伸ばします。

②
腰を反らさない位置まで持ち上げたら、一旦静止し、ゆっくり息を吸いながら、元の基本姿勢に戻ります。

登山のココに効く！

お尻の筋肉を鍛えると、登りが楽に。また、太もも前側の筋肉（大腿四頭筋）の負担を減らせます。

はじめての目安

頻度	週2回
強度	自分の体の重さ
時間	片足ずつ10回×左右2セットずつ

＊簡単にできるようになったら回数やセット数をアップしていきましょう。

急勾配や重い荷物に負けないボディをつくる

エクササイズ4

足先で地面を押す力&衝撃吸収のバネ力をアップ

カーフレイズ

ふくらはぎの筋肉は登りでは足先で地面を押す力を発揮し、下りでは着地の衝撃を吸収するバネの役割を果たします。また、第2の心臓とも呼ばれ、全身持久力をアップさせるカギになります。

主なターゲット

ふくらはぎ（下腿三頭筋）など

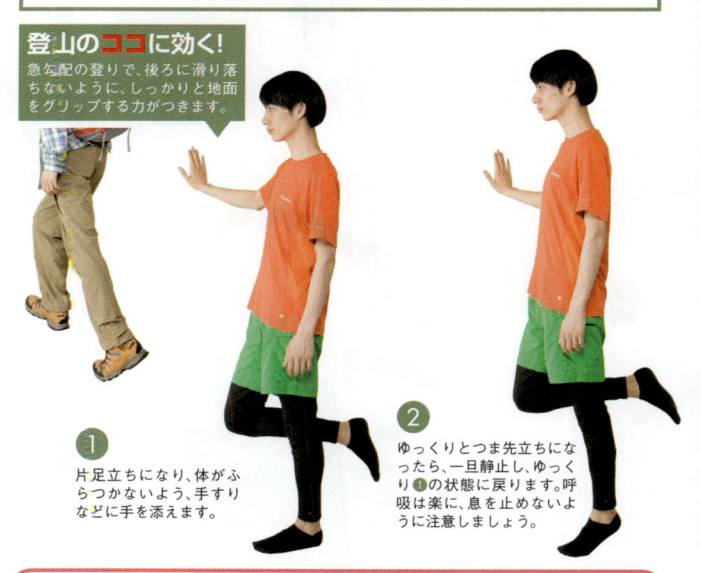

登山のココに効く!

急勾配の登りで、後ろに滑り落ちないように、しっかりと地面をグリップする力がつきます。

❶ 片足立ちになり、体がふらつかないよう、手すりなどに手を添えます。

❷ ゆっくりとつま先立ちになったら、一旦静止し、ゆっくり❶の状態に戻ります。呼吸は楽に、息を止めないように注意しましょう。

はじめての目安

頻度	週3回
強度	自分の体の重さ
時間	片足ずつ30回×左右2セットずつ

＊簡単にできるようになったら回数やセット数をアップしていきましょう。

エクササイズ5

疲れても木の根につまづかない力をアップ

トゥレイズ

ふくらはぎの前側は、つま先を持ち上げる筋肉です。重い登山靴を履きながら登山をしていると、疲れて、つま先が下がったすり足になりがちです。ちょっとした段差や木の根につまづかないように強化しましょう。

主なターゲット
すね（前脛骨筋）など

❶
楽な姿勢でイスに腰かけます。両足のつま先を前に向けます。呼吸は楽に、息を止めないように注意しましょう。

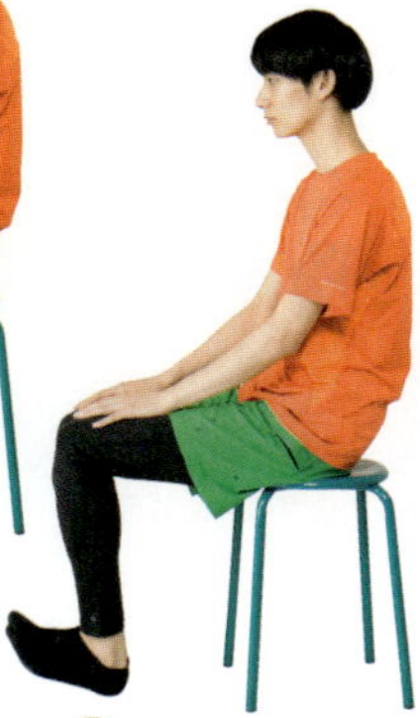

❷
ゆっくりとつま先を持ち上げ、これ以上持ち上げられないところまできたら一旦静止し、ゆっくり❶の状態に戻ります。

登山のココに効く!
障害物を越えるときに、しっかりとつま先が持ち上がるようになり、つまづかなくなります。

はじめての目安

頻度	週3回
強度	自分の体の重さ
時間	両足で30回×2セット

＊簡単にできるようになったら回数やセット数をアップしていきましょう。

急勾配や重い荷物に負けないボディをつくる

エクササイズ6

ザックの重さから腰を守る力をアップ

スティッフレッグデッドリフト

腰の筋肉や太ももの裏側の筋肉は体が前に傾きすぎないようしっかりと支える筋肉です。このエクササイズは腰に負担がかかりますので、現在、腰に痛みのある人は行なわないでください。

主なターゲット
腰（脊柱起立筋）・太ももの裏側（大腿二頭筋）など

Check Point!
動作中、ひざをロックさせない程度に伸ばしたまま、動かさないようにしましょう。

1
両手にペットボトルを持ち、両ひざを軽く曲げ、足をそろえて、まっすぐに立ちます。

2
ゆっくり息を吸いながら、背中を丸めないように、胸を張ったまま前屈します。

3
太もも裏側の筋肉を意識しながら、下まで体を前屈させたら、ゆっくり息を吐きながら❶の状態に戻ります。

はじめての目安

頻度	週2回
強度	500㎖のペットボトル×２本
時間	20回×２セット

＊簡単にできるようになったら重さや回数、セット数をアップしていきましょう。

エクササイズ7

体の芯を左右にブレさせない力をアップ

サイドベント

自分の体力以上に重いザックを背負うと、一歩一歩の動きでザックが左右に揺れ、歩行中にバランスを崩す原因になります。体幹（胴体）をしっかり支えられ、重い荷物に負けないボディをつくります。

主なターゲット

脇腹（腹斜筋）など

❶

片手にペットボトルを持ち、もう片方の手は頭の後ろに回します。ペットボトルを持っている側に体を傾けます。これが基本姿勢です。

❷

ゆっくり息を吐きながら体を反対側に傾けます。脇腹の筋肉がしっかり動いていることを意識します。息を吸いながら❶の位置まで体を戻します。

登山のココに効く!

ザックの重さや突風などでも体が左右にブレず、バランスを崩しにくくなります。

Check Point!

頭の後ろに回している手の側の脇腹の筋肉を意識的に使いましょう。

はじめての目安

頻度	週3回
強度	500㎖のペットボトル×１本
時間	片側ずつ20回×左右２セットずつ

＊簡単にできるようになったら重さや回数、セット数をアップしていきましょう。

急勾配や重い荷物に負けないボディをつくる

エクササイズ8

体幹を安定させて呼吸を楽にする力をアップ

ドローイン

ドローインはおなかを引っ込めながら呼吸をすることで、腹横筋を強化するエクササイズです。腹横筋はおなかの内部を固定するコルセットのような筋肉です。ここを強化すれば体幹（胴体）が安定します。

主なターゲット
おなかの内部（腹横筋）など

Check Point!
慣れてきたら、胸をふくらませずに、息を吸うときにおなかを膨らませ、息を吐くときにおなかをへこませる腹式呼吸にチャレンジ。

①
仰向けの状態でひざを立てます。

登山のココに効く!
腹式呼吸を行なえば、ザックで胸郭が窮屈な状態であっても、しっかりと呼吸ができます。

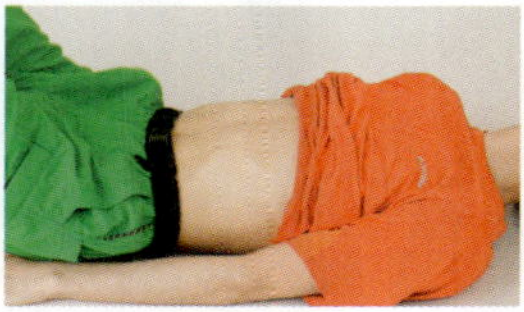

②
おなかに力を入れてない状態。

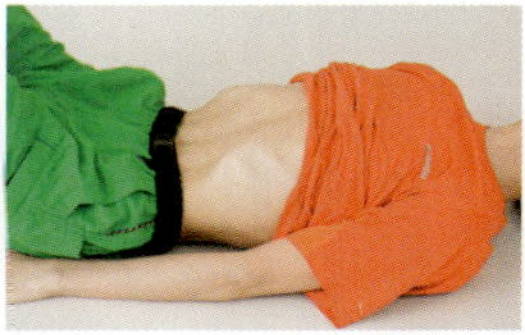

③
思い切りおなかをへこませます。おなかをへこませたまま、ゆっくり大きな呼吸を30秒間繰り返します。

はじめての目安

頻度	毎日
強度	自分で調節
時間	30秒×2セット

＊簡単にできるようになったら秒数やセット数をアップしていきましょう。

エクササイズ9

足を高く上げ、大きな段差を乗り越える力をアップ

レッグレイズ

腸腰筋は股関節を前に屈曲させて、太ももを持ち上げる筋肉です。この筋肉が疲労すると、太ももを持ち上げる力が低下しますので、障害物を乗り越えられず、つまづきやすくなります。

主なターゲット

腰の前側（腸腰筋）など

①
仰向けになり、ひざを90度に曲げた状態まで、上に持ち上げます。

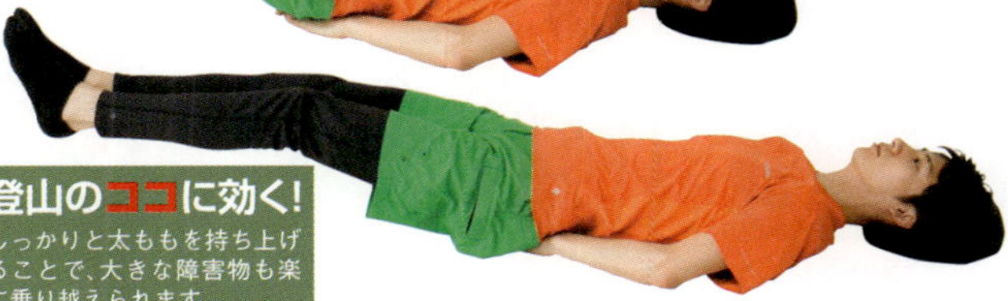

②
ゆっくりと息を吸いながら足を下ろします。かかとが床につく手前で一旦静止し、ゆっくりと息を吐きながら、再び足を上げ、①の状態まで戻ります。

登山のココに効く!

しっかりと太ももを持ち上げることで、大きな障害物も楽に乗り越えられます。

はじめての目安

頻度	週3回
強度	自分の体の重さ
時間	20回×2セット

＊簡単にできるようになったら回数やセット数をアップしていきましょう。

急勾配や重い荷物に負けないボディをつくる

エクササイズ10

ザックによる疲労感を軽減させる

アップライトロウ

歩行中、肩には常にザックの負荷がかかり、気づかないうちにジワジワと体力は消耗しています。しっかりとザックを支え続けることができるように肩の筋肉を強化しましょう。

主なターゲット
肩（三角筋・僧帽筋）など

❶
足を肩幅よりやや狭いくらいにして立ち、腕を伸ばした状態で、ペットボトルを体の前で持ちます。このとき、手の甲は前を向きます。

Check Point!
しっかりひじを張って、高く持ち上げましょう。

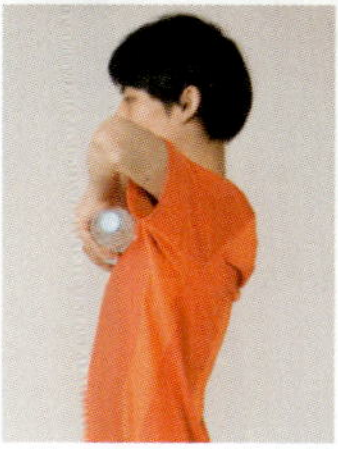

❷
息を吐きながら、ひじを引き上げます。いちばん高いところで一旦静止し、ゆっくりと息を吸いながら、❶の状態に戻ります。

はじめての目安

頻度	週3回
強度	500㎖のペットボトル×2本
時間	20回×1セット

＊簡単にできるようになったら重さや回数やセット数をアップしていきましょう。

エクササイズ11

肩こりを解消して呼吸を楽にさせ、血行をよくする

ショルダーシュラッグ

肩を大きく回すことで、首周辺の筋肉の緊張を減らし、血流をアップさせます。登山中の休憩時にはザックを使って、このエクササイズを行ない、肩をリフレッシュするのもよいでしょう。

主なターゲット

肩（三角筋・僧帽筋）など

登山のココに効く!

登山中、休憩でザックを下ろすときにやりましょう。肩のまわりがリフレッシュされます。

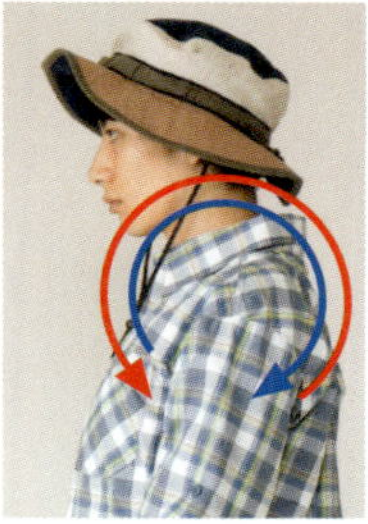

Check Point!

できるだけ大きく円を描くように、前回し、後ろ回しを行ないましょう。

①

足を肩幅よりやや狭いくらいにして立ち、腕を下へ伸ばした状態で、ザックを体の前で持ちます。このとき、手の甲が前を向きます。

②

ひじの力を抜き、ゆっくりと肩だけを回転させます。呼吸は楽に、息を止めないように注意しましょう。

はじめての目安

頻度	週3回
強度	登山用のザック
時間	前回し・後ろ回し各10回×2セット

＊簡単にできるようになったら回数やセット数をアップしていきましょう。

高所でも息切れしないボディをつくる

肺活量の大きさの問題だけではない

登山のような有酸素運動では、とても多くの酸素が必要になります。これは、ただ単純に肺活量の多い人が登山に強い、ということにはなりません。登山では、酸素と二酸化炭素を交換する肺の働き、しっかりと筋肉に酸素を送る血液・血管・心臓の働き、取り込んだ酸素を効率よく使う筋肉の働きなど、さまざまな要素が関係しています。これら全部の酸素を取り込む力（全身持久力）が、登山ボディには必要なのです。

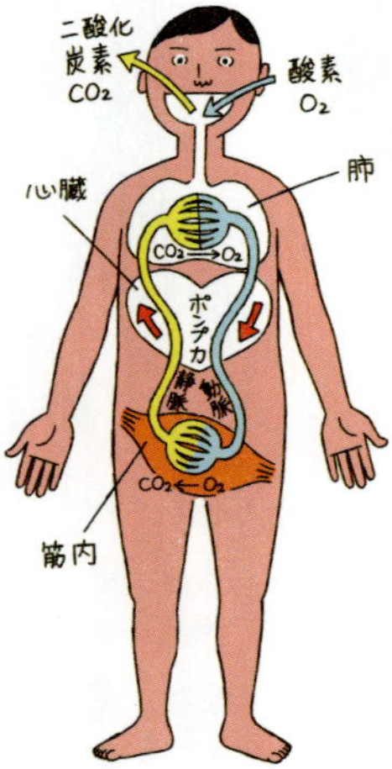

血液・血管・心臓・肺・筋肉の能力向上が、息切れしない登山ボディをつくります。

運動の強度を心拍数で考えよう

全身持久力をアップさせるには、適切な強度の運動を一定時間持続させる必要があります。本書では安静時の運動強度を０％、限界時の運動強度を100％とした場合のパーセンテージで運動強度を表わします。

これは、運動中「この運動は自分の限界の何％くらいだろうか？」と主観的なきつさを考えることでも目安にできますが、より正確に把握できるように、運動中の脈拍数を測りながら考える方法を紹介します。

目標心拍数（カルボーネン法）の計算

{(220－年齢)－安静時心拍数} ×運動強度（%）＋安静時心拍数＝目標心拍数

①まずはゆっくりイスに座ってリラックス

1分間の安静時の脈拍を測って、
右のマスに書き込みます

□ 回

（脈拍の測り方はP24へ）

②220から自分の年齢を引き算します

220 － □ 歳 ＝ □

③自分の限界の何%のきつさで運動しますか?

P48～P51までの強度を参考にして、
40%の運動強度＝0.4
60%の運動強度＝0.6
といったように小数点に変更して右のマス
に書き込みます

□

④同じ色のマスに当てはめて計算します

（ □ － □ ）× □ ＋ □ ＝ 目標心拍数

計算例

30歳で、安静時心拍数が70回の人が、自分の限界の50%のきつさで行なう場合

目標心拍数 ＝（ 190 － 70 ）× 0.5 ＋ 70 ＝ 130回／分

運動中の脈を測って、130回／分になる強度の運動を持続すればOK！

全身持久力に適切な運動量の目安

頻度	疲労回復の様子をみながら週3～4日程度行ないましょう。
強度	運動経験などを考慮しながら、自分の限界の40～85%程度のきつさで行ないましょう。
時間	20～60分持続させましょう。

運動が苦手な人はここから始めよう

速歩き

天気のよい日にサクサク歩けば、気分も爽快♪

これまで運動習慣がなかった人が登山を始める場合、歩く力をアップさせる必要がありますので、速歩きは最適な運動です。しっかりと継続すれば、数カ月で歩く力が身につきます。

ただし、速歩きで、より高い強度（きつさ）を求めて歩くスピードを上げてしまうと、靭帯や腱などを痛める恐れがあります。物足りなくなった人は歩くスピードを上げるのではなく、ジョギングなど、ほかの種目にチャレンジしてみましょう。

はじめての目安

頻度	週3～4回
強度	自分の限界の40～50%程度のきつさ
時間	20～30分

＊簡単にできるようになったら他の種目にチャレンジしてみましょう。

いちばん手軽な有酸素トレーニング

ジョギング

登山で体が軽く感じるようになる、驚きの効果が

日本のジョギング人口は約1000万人ともいわれ、現代日本人の健康志向の高さがうかがえます。ジョギングは手軽に行なえるというだけでなく、脈拍が測りやすく、運動強度を調整しやすいことも利点です。距離や時間によって運動量を調節しやすいこと。タイムなどの簡単な目標を立てやすいことなど、有酸素トレーニングを行なうには最適な運動です。

ジョギングを継続的に行なえば、登山のとき、その効果に、きっと驚くことでしょう。

はじめての目安

頻度	週3〜4回
強度	自分の限界の50〜60%程度のきつさ
時間	20〜30分

＊簡単にできるようになったら強度や時間をアップしていきましょう。

登山に必要な下半身の筋力強化も

自転車

街中を颯爽と走り抜ける気分はロードレーサー!?

自転車も有酸素運動として人気があります。ジョギングと異なり、着地の衝撃がなく、関節への負担が少ないことから、リハビリなどで使われることも多くあります。

登山に必要な下半身の筋力強化も期待できます。しかし、いきなり公道で酸素を取り込む力（全身持久力）の向上を目的としたトレーニングを行なうにはスピードが上がるため、少し危険です。

まずはフィットネスクラブなどのエアロバイクでトレーニングしてみましょう。

はじめての目安

頻度	週3～4回
強度	自分の限界の50～60%程度のきつさ
時間	20～30分

＊はじめてエアロバイクを行なう場合の目安です。

上半身も鍛えられる有酸素運動

水泳

有酸素運動に加え、肩回りの筋力アップも

水泳は水の抵抗による筋力の向上も期待できる有酸素運動です。とくに肩回りの筋力は登山ではなかなか鍛えることができないので、重い荷物に負けないボディをつくるために効果的です。

ただ、水中では一時的に血圧が上がってしまうので、高血圧の人は注意が必要です。

また、運動の強度（きつさ）が水中環境や水泳能力にも影響されるので、泳ぎが苦手な人は、水中ウォーキングから始めるとよいでしょう。

はじめての目安

頻度	週3〜4回
強度	自分の限界の50〜60%程度のきつさ
時間	20〜30分

＊はじめて水中ウォーキングを行なう場合の目安です。

Column

ふくらはぎは第2の心臓

長時間の立ち仕事をしていて、脚がむくんでしまったという経験はありませんか？

これは、人間の体内でも重力が影響しているため、血液が足先やふくらはぎに溜まりやすいからです。逆立ちをすれば頭に血がのぼってしまうのと同じ理屈です。

体に血液を送りだすポンプの役割をしている心臓は上半身にあるので、脚に栄養や酸素を送った血液を再び心臓に戻すには重力に逆らわなければなりません。しかし人間の脚にはポンプのような臓器はありません。ではいったいどのようにして、脚に溜まった血液を心臓に送り返しているのでしょうか？

筋肉から心臓に血液を戻す静脈の内側には血液の逆流を防ぐ弁がついていて、血液が一方向にしか流れない仕組みになっています。ふくらはぎの筋肉が収縮すると、静脈が圧迫され、血液が上に押し上げられます。次に筋肉が緩むと静脈は広がり、下から血液を吸い上げます。これを繰り返すことによって血液は重力に逆らって心臓に戻ります。登山中は、ふくらはぎの筋肉は絶えず収縮と弛緩《しかん》を繰り返していますが、ふくらはぎの筋肉が弱いと、血液を送り返す力も弱くなります。全身に効率よく酸素を送り、バテないボディをつくるためにふくらはぎを強化するエクササイズを行ないましょう。

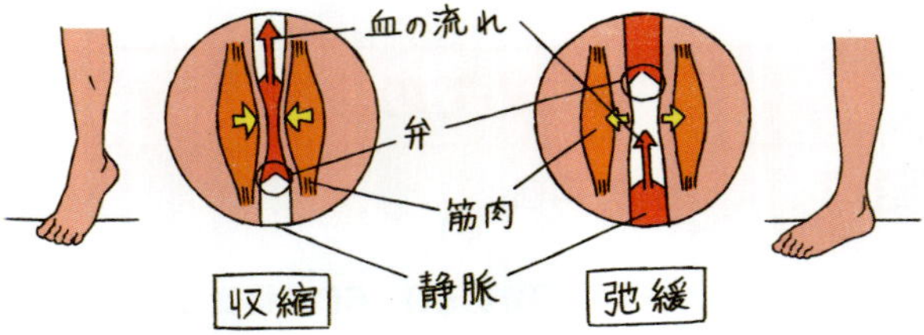

筋肉の収縮・弛緩の繰り返しで血液を心臓に押し戻すため、「筋ポンプ」とも称されるふくらはぎ。全身持久力アップのためにも、ぜひ強化を！　また、血管の弾力を保ち、しっかりとした血流を得るためにも、正しい生活習慣も心がけましょう。

3

ケガをしない登山ボディをつくる

転ばないボディをつくる

人はなぜ転んでしまうのか?

経験
フォーム
足運び
歩き方
危険予知

体
筋力不足
シャリバテ
体調不良
疲労

環境
急勾配
段差
積雪
浮き石

精神
緊張
不安
不注意
恐怖

装備
靴
荷物
など

その他
酒酔い
薬の副作用
など

原因はさまざま

しかし！
いざ、転びそうになったとき、持ちこたえる最後の砦は
平衡性（バランス）　敏捷性（素早さ）　巧緻性（器用さ）

長年登山をしていれば、だれでも山で人の歩き方を見ただけで、その人が登山経験者かどうかわかります。登山の歩き方のフォームや足運びがしっかりと身についている人は、急な下り坂や浮き石の多い場所でも、足を取られることもなく、転ぶことはあまりないでしょう。

登山で転倒を防ぐ方法は、経験による「歩き方」の習得がいちばん大切です。しかしそれでも、万が一、転びそうになったときに発揮される最後の砦が平衡性（バランス）、敏捷性（素早さ）、巧緻性（器用さ）、の３つの体力要素です。これらは普段の登山ではあまり使うことがないため見逃されがちですが、これらこそが登山ボディを守る命綱なのです。まずは最も重要な平衡性について見てみましょう。

平衡性について

まずは閉眼片足立ちと
開眼片足立ちをしてみましょう

開眼片足立ち
目を開けた状態で片足立ちになっても、フラフラすることはありません。

閉眼片足立ち
目を閉じた瞬間にフラフラしてしまうのがわかります。

次にストックを突いた状態で閉眼片足立ちをしてみましょう

閉眼片足立ち+ストック
ストックを突いた状態であれば、目を閉じた状態で片足立ちになってもフラフラすることはありません。これは、足の裏と両手のひらの皮膚感覚(触感・圧感)が視覚の代わりに水平を察知しているからです。

人はバランスをとるとき、視覚、皮膚感覚を重視しています

人は視覚によって水平を察知し、バランスを保っています。もちろん、登山のときにわざわざ目を閉じて歩く人はいないでしょう。しかし、登山では斜面を登り続けるので、平地に比べると視覚によって水平を察知することが難しい環境にあります。

そのため、登山では平地で歩くよりも高いレベルの平衡性が必要となります。

ただ視覚だけに頼るのではなく、視覚を補助してバランスを調整する「足の裏」の圧感覚(圧力を感じる感覚)を研ぎ澄ますことが大切です。

まずは裸足になって、しっかりと足の裏にかかる圧力を感じながら閉眼片足立ちを行なってみてください。きっと、先ほどよりも長い時間立っていられるはずです。

エクササイズ1

ストレッチをしながら平衡性をアップ

片足太もも伸ばし

片手（右手）を横に水平に伸ばします。もう片方の手（左手）で同じ側（左足）の足首をつかみ、かかとがお尻につくまで持ち上げます。ゆっくりと呼吸し、息を止めないようにしましょう。体をできるだけ垂直に保ったまま、20秒以上静止してバランスをとります。

Check Point!
体を垂直に保ったまま、足を後ろに引くと、太ももの前側のストレッチになります。

Check Point!
軸足と体が一直線にならないと、太もものストレッチ効果が弱くなります。

はじめての目安

頻度	毎日
強度	痛くなる手前までストレッチする
時間	片足20秒ずつ、交互に両足行なう

＊簡単にできるようになったら時間をアップしていきましょう。

エクササイズ2

視覚に頼らない平衡性をアップ

片足太もも伸ばし前屈

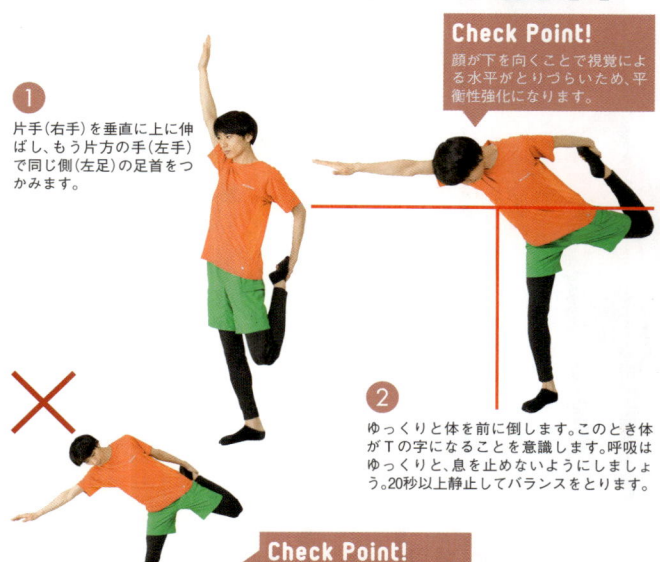

1

片手（右手）を垂直に上に伸ばし、もう片方の手（左手）で同じ側（左足）の足首をつかみます。

Check Point!

顔が下を向くことで視覚による水平がとりづらいため、平衡性強化になります。

2

ゆっくりと体を前に倒します。このとき体がＴの字になることを意識します。呼吸はゆっくりと、息を止めないようにしましょう。20秒以上静止してバランスをとります。

Check Point!

顔や体が横向きになってしまうとトレーニング効果が弱くなります。

はじめての目安

頻度	毎日
強度	痛くなる手前までストレッチする
時間	片足20秒ずつ、交互に両足行なう

＊簡単にできるようになったら時間をアップしていきましょう。

転ばないボディをつくる

エクササイズ3

バランスをとりながら重心移動

片足横バランス

①
両手を垂直に上へ伸ばし、頭の上で合わせます。

②
ゆっくりと体を横に倒します。このとき上げた足と体が一直線になることを意識します。呼吸はゆっくりと、息を止めないようにしましょう。20秒以上静止してバランスをとります。

Check Point!
顔や体が下向きになってしまうとトレーニング効果が弱くなります。

はじめての目安

頻度	毎日
強度	自分の体の重さ
時間	片足20秒ずつ、交互に両足行なう

＊簡単にできるようになったら時間をアップしていきましょう。

エクササイズ4

ストレッチをしながら平衡性をアップ

片足ひざ抱え

ゆっくりと片ひざを上げ、ひざが胸につくよう、両手で抱えます。すねや足首に近い部分を抱えるとより効果的です。呼吸はゆっくりと、息を止めないようにしましょう。20秒以上静止してバランスをとります。

Check Point!
慣れたら両目をつぶって平衡性を強化させましょう。

Check Point!
体の硬い人はひざを抱えるところから始めましょう。

Check Point!
背中が丸くならないように、しっかり胸を張りましょう。

はじめての目安

頻度	毎日
強度	痛くなる手前までストレッチする
時間	片足20秒ずつ、交互に両足行なう

＊簡単にできるようになったら時間をアップしていきましょう。

エクササイズ5

登山前のウォーミングアップに最適

バランス体操

エクササイズ1～4までを、片足で立ったまま連続で行ないます。呼吸はゆっくりと、息を止めないようにしましょう。ひとつのエクササイズは20秒ほど。次のエクササイズへ移動する間も、5秒くらいかけて、ゆっくりと重心を移動させます。

Check Point!

バランスをとりながら重心を移動するのが、このエクササイズのポイントです。バランスをとる脳を活性化させ、体を温める効果もあるので、登山前のウォーミングアップに最適です。

はじめての目安

頻度	登山前のウォーミングアップ
強度	自分の体の重さ
時間	片足90秒ずつ、交互に両足行なう

＊簡単にできるようになったら時間をアップしていきましょう。

エクササイズ6

しっかりと地面をつかむ力をアップ

足の裏強化

1

イスに座り、床にタオルを敷き、タオルの上につま先がかかるように足を乗せます。足から遠い側の端には重石となるペットボトルを置きます。

2

3

かかとは床につけたまま、左右交互に足の指だけを動かしてタオルをたぐり寄せます。

はじめての目安

頻度	毎日
強度	500mℓのペットボトル×1本
時間	両足でできるだけ素早く×3セット

＊簡単にできるようになったらセット数をアップしていきましょう。

転ばないボディをつくる

エクササイズ7

素早く正確な足運びを身につける

ラダートレーニング

ラダートレーニングは専用のラダー（はしご）を床に敷き、そのマス目の中を、できるかぎり素早く正確にステップしていく練習法です。昔からサッカー選手など、敏捷性や巧緻性（器用さ）を必要とするスポーツの練習法として使われていましたが、最近では、高齢者向けの転倒予防トレーニングとして介護予防の現場などでも使われ始め、その効果が期待されています。

登山のトレーニングとしてはまだあまり使われていませんが、不安定な岩場を正確に渡りきる足運びや、いざ、転びそうになったときに、足がもつれてしまうことなく、かばう足をとっさに踏み出すために、とても効果的な練習です。

右ページに足運びの一例を紹介しますので、練習してみましょう。1～4の順に難しくなります。

トレーニング用のラダーを持っていない人は、公園などの安全な場所にある舗装のマス目を利用してもいいですし、家の床に、なにか目印になるものをつけて、代用するのもいいでしょう。

マス目があれば、どこでもできる!

「足運び1」

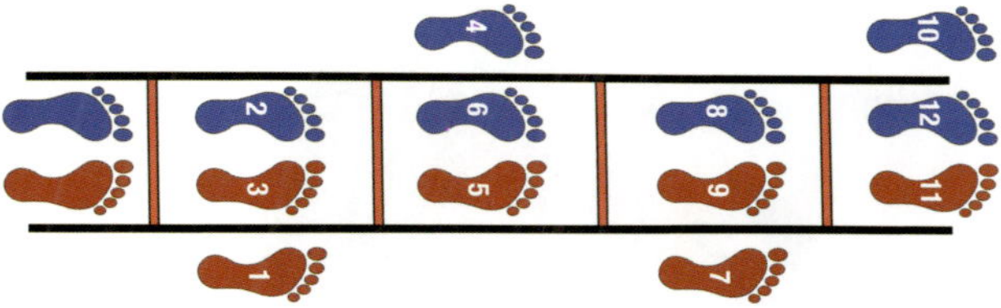

「足運び2」

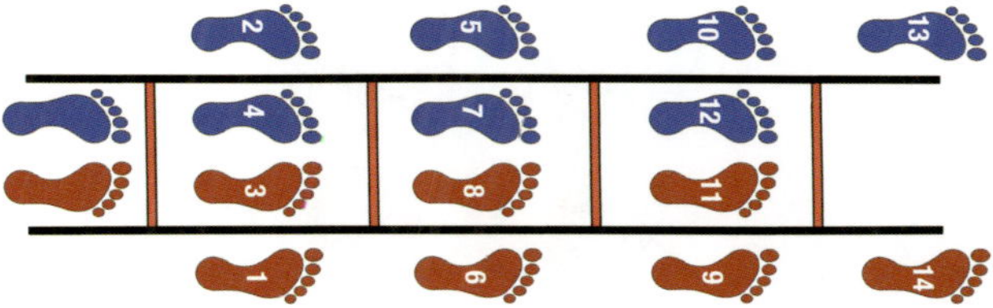

「足運び3」

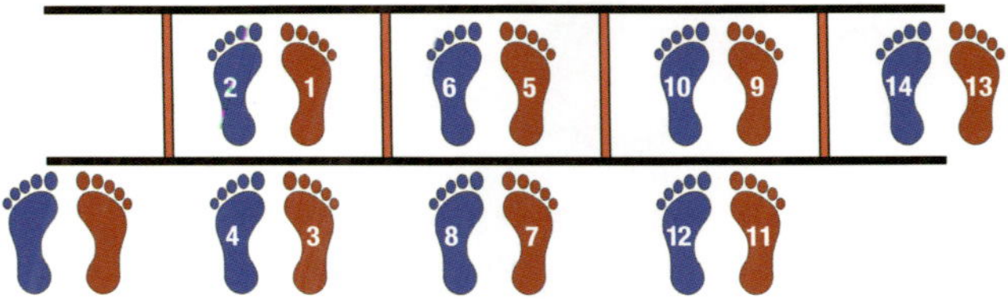

「足運び4」

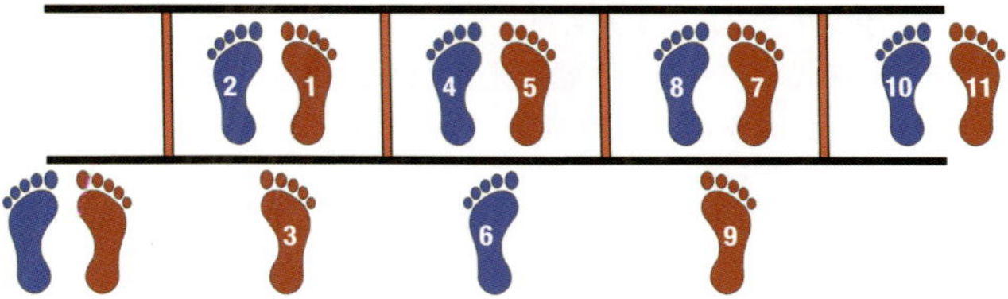

関節を痛めないボディをつくる

人はなぜ関節が痛くなるのか？

関節が痛くなるのは間違った歩き方などが原因

人間は年齢を重ねるにつれて、体内の組織が衰えていきます。関節内にあるクッションも少なくなりますので、関節痛のリスクはどんどん高まっていきます。それでも、長年登山をしている高齢者はとても元気で、若者をスイスイ抜きながら登ってしまいます。

関節の痛みには、食習慣や運動習慣といった生活習慣が大きく影響しています。登山のような運動を続けることは、本来、関節痛予防に役立つはずです。もしも、登山によって関節痛を感じるのであれば、それは間違った歩き方（または生活習慣）をしているからといえるでしょう。

関節の痛みにはそれぞれ異なる原因があります。どこの関節が痛いのかを考えることで、自分の間違った歩き方（または生活習慣）を見直しましょう。ここでは、足首、ひざ、腰について見ていきます。

レッスン1

足首を守る

まずは、自分に合った靴を探すこと

足首を守るにはハイカットがいいといわれていますが、人によってはむしろ足首を痛めてしまうこともあります。疲れにくいといわれている硬いソールも、足首を痛める原因になることがあります。

人はそれぞれ、足の形、歩き方、登山スタイルなどが違いますので、登山用品店などで豊富な知識を持った店員さんに相談し、しっかりと履き比べながら、自分に合った靴を選びましょう。

登山前には必ずウォーミングアップを

足首を痛める原因の多くは捻挫です。登山をする前には両方の足首をゆっくりと回し、関節可動域を広げましょう。ストレッチや、その場ジョギングなどで、筋肉を温めることも大切です。

急な勾配を登るときの足首の向きに注意

急勾配を登るときには、足をまっすぐ前方に向けていると、足首やふくらはぎに大きな負担がかかります。登りの急勾配では、少しガニ股にすることで、足首の関節だけでなく、ふくらはぎの筋肉の負担を少なくできます。これは、下りのときに、衝撃を吸収するバネとして使う筋力を温存させることにもつながります。

急勾配ではつま先をまっすぐ前に向けると、そのぶん足首の関節が大きく曲がり、負担になります。

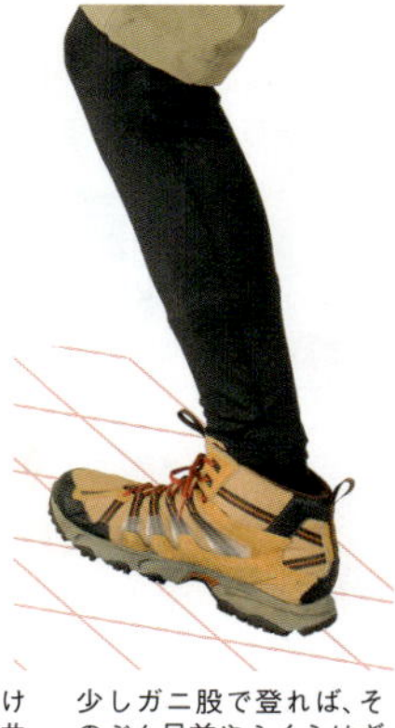

少しガニ股で登れば、そのぶん足首やふくらはぎに負担をかけません。

レッスン2

ひざを守る

ひざへの負荷と筋力のバランスをとる

強くぶつけて打撲をしたり、関節をひねって捻挫したり……。外部からの強い衝撃で負傷したものを除くと、登山で感じるひざの痛みのほとんどが、負荷と筋力のバランスが崩れているために起こったものです。

バランスが問題ですから、体重が重くても、それを支える下半身の筋力があれば大丈夫ですし、いくら体重が軽くても、それを支える筋力が弱ければひざが痛くなってしまいます。

自分の痛みの要因をしっかりと考えて、それを取り除けば、ひざの痛みは改善されるでしょう。

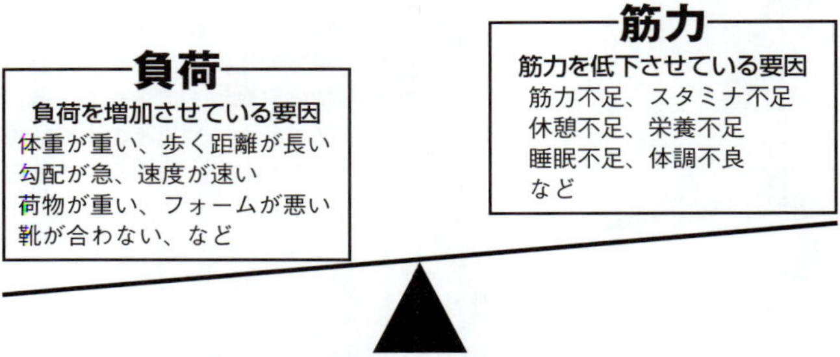

負荷を増加させている要因と、筋力を低下させている要因を取り除きましょう。

体重を適正に保つ

BMI指数という、体重と身長の関係から算出される肥満度を測る指数を計算して、自分の体重が適正かどうかを考えましょう。

$$体重(kg) \div 身長(m)^2 = BMI指数$$

計算例

体重60kg、身長165cmの人の場合
60(kg)÷1.65(m)÷1.65(m)=22.0(BMI)となります。

BMI判定基準

低体重(やせ)	18.5未満
普通体重	18.5以上、25未満
肥満	25以上

22.0が標準とされています。

(日本肥満学会)

BMIが22.0未満であるにも関わらずひざが痛い人は筋力不足、22.0以上の人は負荷が大きいと考えられます。

歩き方を改善する

大きな段差などは細心の注意が必要です。ドスンと下りることのないよう、横を向き、上に残っている足の太ももの上に手を置き、しっかり手でサポートをしながら、太ももの筋肉やお尻の筋肉を使って、重力に逆らうようにゆっくりと下りましょう。

着地する側の足はしっかりとふくらはぎのバネを使って、着地の衝撃を吸収させます。

すでにひざに痛みを感じている場合、痛む足から下ろします。そのとき、痛むほうのひざは軽く伸ばしたまま、ふくらはぎのバネで衝撃を和らげます。

しっかりと休憩をとる

太ももの前をマッサージしたり、ストレッチをしたりすることで血流がよくなり、疲労物質が排除されます。また、筋肉に新たな栄養や酸素が届きやすくなります。

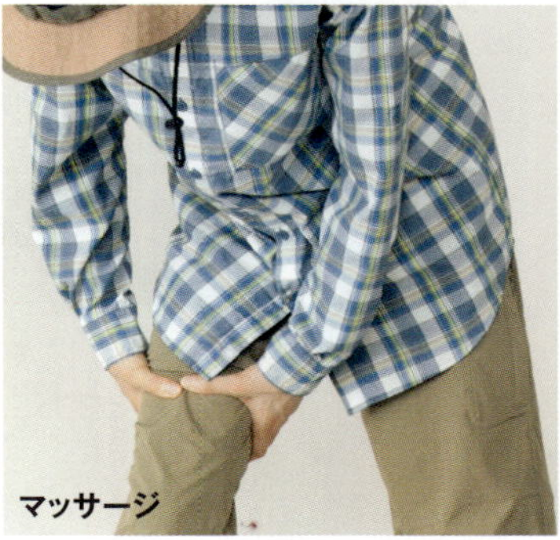

休憩時には、ただ座り込んでしまうだけではなく、ストレッチやマッサージを行ない、疲労を回復させましょう。また、水分の補給や、エネルギーの補給も忘れず行ないましょう。

レッスン3

腰を守る

腰痛は普段の生活から改善しよう

登山ではザックなどの荷物を背負い続けるので、当然その負担が腰にかかります。しかし、本来、立っている姿勢は座っている姿勢に比べて負荷は少ないものです。数十キロもの重い荷物を背負って歩くような縦走ならばともかく、半日のハイキングや軽登山だけで腰痛になることは考えにくいです。もし登山で腰が痛くなるようなら、普段の生活から改善していく必要があります。

座ることが腰痛を加速させる

ベンチを見つけてホッとひと休み。でも、休憩するときにも注意が必要です。腰にある脊柱起立筋は立っているときでも体重の1.5倍もの負荷がかかっています。さらに、座ってしまうと体重の約2倍の負荷がかかります。

足の筋肉にとって、ベンチに座ることは休憩になりますが、腰の筋肉に関していえば、むしろベンチに座ることが大きな負担になります。普段の生活から、腰のことを考え、座り続けないように心がけましょう。

ベンチに座ることは、ただでさえ腰の筋肉の負担になります。面倒がってザックを下ろさずに座ってしまうと、さらに多くの負担を腰にかけることになります。足の筋肉を休ませるためにベンチに座る場合でも、必ずザックを下ろしてから座りましょう。

腰にやさしい休憩のとりかた

休憩をするときには、必ずザックを下ろし、腰への負担を少なくしましょう。足が疲れている場合は座ることも大切ですが、長い間座り続けると腰に負担がかかるので、可能であれば立ち休みを心がけましょう。

腰の筋肉は体を支えるため絶えず縮まっているので、ストレッチしたり軽く動かすことで、しっかりと筋肉を伸ばし血流を促します。また、寒さによっても腰の筋肉が緊張してしまいます。冬場の休憩は急激に体を冷すので、長時間の休憩は避けましょう。休憩時に腰の回りなどに防寒具を巻いて温めてあげるのも効果的です。

前屈などのストレッチや腰を回す運動を行ない、腰に加え、太ももの裏の筋肉の緊張をしっかりとほぐしましょう。

ザックの中身もチェックしよう

ザックの中に必要のない荷物が入っていないか、しっかりチェックしましょう。雨具や防寒具など絶対に必要なものは軽い素材のものを選ぶことで、全体の重さを減らすことができます。

また、入れる場所も大切です。水などの重い荷物をザックの底に入れてしまうとザックの重心が下がって体幹（胴体）から離れてしまい、大きな負担になります。重い荷物は高い位置で、背中に近い場所に入れましょう。

重いものが下にあると、体の重心からザックが遠くなるため、負担が増します。

Column

ウォーミングアップとクーリングダウン

登山前にストレッチを行なっている人を多く見かけます。しかし、黙々と静かなストレッチを行なっているだけでは、転倒防止などにあまり効果はありません。

ウォーミングアップとは読んで字のごとく、徐々に温めること。体だけでなく「これから登山するぞ！」といった気持ちを高めることも大切です。具体的には、

①手首や足首、首、肩、腰などをゆっくり回旋させ、関節の動きをスムーズにします。

②P60で紹介した「バランス体操」を行ない、バランスをとる脳を活性化させます。

③その場でジョギングをするなどし、体を温め、心肺循環器に急激な負荷をかけないようにしながら、ゆっくりと歩きだしましょう。

一般スポーツではクーリングダウンは運動後に行ないますが、登山では休憩や頂上に着いたときにも行なったほうがよいでしょう。

①急激に止まると筋ポンプ作用（P52）による静脈の押し上げがなくなり、血圧が下がる恐れがあるので、１～２分は足踏みなどでふくらはぎを動かし続けましょう。

②ストレッチやマッサージを行なうことで血流をよくし、老廃物を除去して、筋肉の疲労回復を図りましょう。

③深呼吸などをして心を落ち着かせます。

もちろん、下山後にもストレッチやマッサージを行なうことで筋肉の疲労回復や筋肉痛予防に効果があるので、クーリングダウンは必ず行ないましょう。

登山後の温泉はリラックス効果も高く、心のクーリングダウンともいえます。しかし、関節痛や捻挫などで痛みや熱を持った箇所がある場合は、そこを温めてしまうと悪化する恐れがあるので注意が必要です。

4

街中でも登山を楽しむ

通勤・通学中に登山ボディをつくる

まずは階段を上ることから始めよう

階段を8235段上れば富士山と同じ

いざトレーニング！と意気込んでしまうと、なかなか続かなくなるものです。まずは普段の生活に、ちょっとした登山の目標を入れるのがいいかもしれません。

これまで駅のホームでエスカレーターを使っていた人は階段を使ってみるのもいいでしょう。いつも渡っている信号が青でも歩道橋を渡ってみましょう。マンションに住んでいる人、オフィスビルに勤めている人ならエレベーターではなく階段を使ってみましょう。ちょっと通勤・通学路を見回してみれば、階段はたくさん見つかると思います。

少し遠回りをしてでも、通勤・通学路に階段のあるルートを選んで、そのルートには往復で何段くらい上りの階段があるかを一度数えてください。富士山五合目から頂上までの高低差は約1400mです。駅などの階段の高さは17㎝くらいですので、およそ階段を8235段上れば、富士山に登ったのと同じことになります。

もしも、あなたの使っているルートに往復で合計100段の上り階段があれば、3カ月の通勤で富士山に1回登ったのと同じことになります。1年で4回も富士山に登るにはかなりの体力が必要ですが、1日100段の階段を上るだけならば続けられるでしょう。

電車の中や駅のホームで

立ち休憩に慣れよう

登山では休憩したいと思っても、ベンチがない、スペースがないなど、座れない状況がよくあり、立ったまま休憩することも多くあります。立った状態でも足の疲れを回復させられるよう、普段から、あまり座らない習慣をつけましょう。

Check Point!
電車など、揺れる状況でバランスをとると、体を支えるインナーマッスルを鍛えることができます。ただし、大きな揺れなどで、転ぶ危険がありますので、必ずつり革などに手を添えておきましょう。

徒歩通勤・通学で

ウォーキングとして楽しもう

普段の生活から、歩きを移動手段としてだけ考えるのではなく、楽しむことを考えてみましょう。

たとえば、通勤・通学も「徒歩」ではなく「ウォーキング」と考えてしまえば、とても楽しいものに変わります。

Check Point!
ウォーキングにはたくさんのバリエーションがあります。いろいろなウォーキングを行なうことで、普段は使っていない筋肉を鍛えることができます。

登山に役立つウォーキング→P74

仕事上がりに、ほかのスポーツで

「登る」だけじゃない

ただ頂上をめざすだけの登山であれば、山に行かなければ始まりません。しかし、登山の楽しみはほかにもあります。登山から派生した野外スポーツなどを行なえば、山に行かなくても登山を楽しむことができます。

Check Point!
スポーツクライミングのように、もともとは登山の一部だった動きが、ひとつのスポーツとして確立された種目もあります。平衡性、敏捷性、巧緻性、全身持久力など、登山に必要な体力をつける効果があります。

ほかの運動で登山を楽しむ→P84

ウォーキング1

体幹をねじらない歩き方を練習する

ナンバ歩き

ナンバ歩きは右手と右足、左手と左足を同時に出す歩き方です。通勤通学・買い物途中でも、気が向いたときに意識してみましょう。

普通の歩き方

ナンバ歩き

まずはしっかり意識しながら右手と右足、左手と左足を同時に出して歩きます。はじめのうちは動きに慣れないので、ぎこちない歩き方でも大丈夫です。

普通の歩き方

ナンバ歩き

前から見ると、普通の歩き方では、体の軸が左右でねじれて、肩が前後しているのがわかりますが、ナンバ歩きでは体が正面を向いたままで、あまり肩が前後しません。

Check Point!

この歩き方に慣れてきたら、左右の手は意識して動かすのをやめ、手は自然な状態にし、体を正面に向けたままで歩いてみましょう。

ナンバ歩きのバリエーション
「相撲歩き」

力士が下半身の安定のために稽古する歩き方です。これも右手と右足、左手と左足が同時に出ているので、ナンバ歩きのひとつです。つま先は少し外側を向け、ひざを曲げて腰を落とします。このとき、ひざとつま先が同じ方向を向くように注意します。体はしっかりと胸を張って正面を向き、力強くすり足で歩いてみましょう。

①

②

Check Point!
いつでもかかとが地面についた状態で前に進みます。つま先を使わず、かかとだけで体を前に進めましょう。

登山のこんなときに役立ちます!

荷物が重いとき

ナンバ歩きの要領で体を正面に向かせます。これによって、体幹がブレず、荷物が安定します。手は無理に動かすのではなく自然な動きに任せましょう。

急勾配の登りで

相撲歩きの要領でひざとつま先が同じ方向を向くように軽く外に向け、つま先をあまり使わず、かかとで体を上へ押し上げます。腰を深く落とす必要はありません。

Check Point!
登山の熟練者が、急勾配で腕を組んだり、腰に手を当てたりして歩いているのは、無意識にナンバ歩きを行なっているからです。

ウォーキング2

体の内側から支える力をアップする

ひざ伸ばし歩き

ひざを伸ばしたまま歩くことで、股関節周辺のインナーマッスルを鍛えます。ほとんど移動しませんので、駅のホームやバス停の待ち時間に行なえます。

1

まずは、足踏みから始めよう

足は腰の幅に広げます。しっかりひざを伸ばしたまま、左右交互に足を浮かせます。このとき、上半身は動かないように意識します。肩が上下してはいけません。はじめのうちは、かかとを軽く浮かす程度でかまいません。慣れたら大きく動かしましょう。

Check Point!

矢印のように、骨盤のみを鉛直方向に動かすイメージで。体のほかの部分は動かさないように。お尻が左右に揺れすぎないように注意しましょう。

②

足踏みから、前に進んでみよう

足踏みしていた足を、2～3㎝程度前に出しながら、細かく前に進んでいきます。

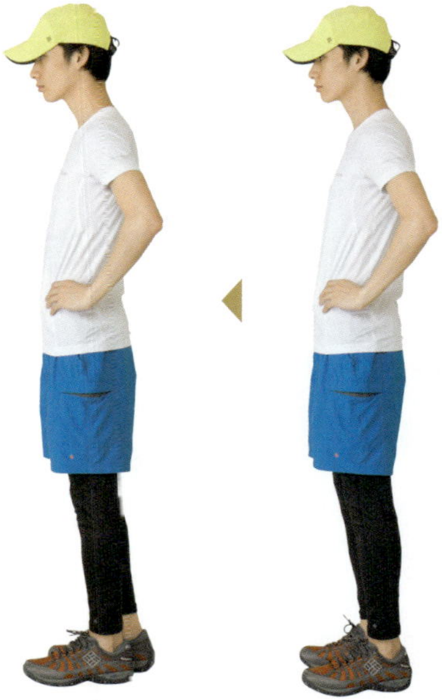

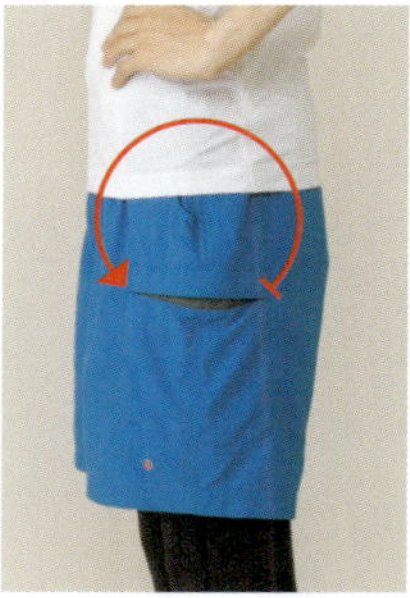

Check Point!

ひざを伸ばしたまま、骨盤を回転させるイメージで前に進みます。

ひざを曲げないので、数センチずつしか進めません！

登山のこんなときに役立ちます！

長時間の歩行で

股関節周辺の筋肉は歩くときに体を支え、太ももの筋肉の補助をしてくれます。よって、長時間の歩行でも疲れにくくなります。

Check Point!

ひざをロックするほど力を入れて伸ばしすぎてしまうと、ひざを痛める恐れがあります。ひざを伸ばしすぎないようにしましょう。

ウォーキング3

変わりウォーキングの定番で脳を活性化

後ろ歩き

普段使われていない筋肉を動かすことができます。 公園などの広い場所で、安全に留意しながら5～10分程度後ろ向きに歩いてみましょう。

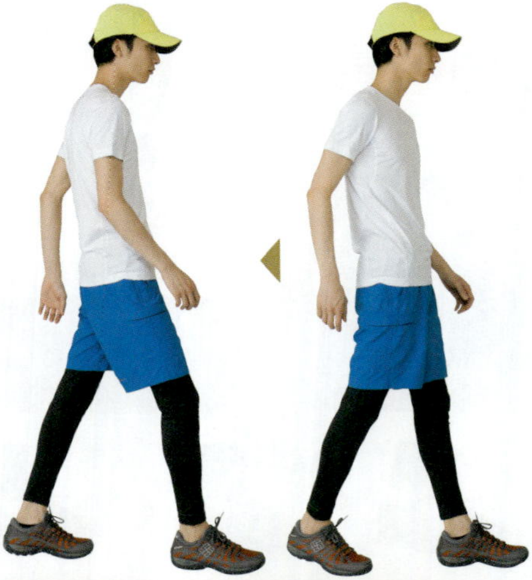

後ろを振り返りながら、後ろに向かって歩きます。このとき、多くの人がしっかりバランスをとるため、安定しやすいナンバ歩きになると思います。

Check Point!

歩くことで血行を高めながら脳を使うと、ボケにくくなるといわれています。だだ、ボーっとして歩くのではなく、脳を活性化させてみましょう。交通量の多い場所で行なうととても危険です。また、障害物などにつまづかないよう、常に細心の注意をはらってください。

登山のこんなときに役立ちます!

危険を察知する

後ろ歩きの特徴は、自分の周りの状況を把握しながら歩くことです。登山の場合、周りの状況を把握することで危険を回避できます。

ウォーキング4

歩きながら下半身の筋力をアップ

ランジ歩き

ウォーキングというよりも筋トレに近いものです。関節を痛めないように、ゆっくりと10〜20歩、歩きます。

Check Point!
太ももが床と水平になるところまで体を沈めましょう。

大きく一歩を踏み込み、深くひざを曲げて進みます。

Check Point!
慣れてきたらさらに大きく前へ踏み込んでみましょう。強度が高くなります。

登山のこんなときに役立ちます!

障害物を乗り越える

下半身の筋力がつくと、岩場など、大きな障害物がある場所でも力強く歩くことができます。股関節の可動域も広がり、ケガの危険性が減ります。

Check Point!
登山中に、時折ゆっくりと踏み込むことで股関節のストレッチ効果も期待できます。

ウォーキング5

太ももの裏の筋力をアップ

レッグカール

足を後ろに巻き上げ（カール）ながら歩きます。長時間のウォーキングのときに、時折、行なってみましょう。

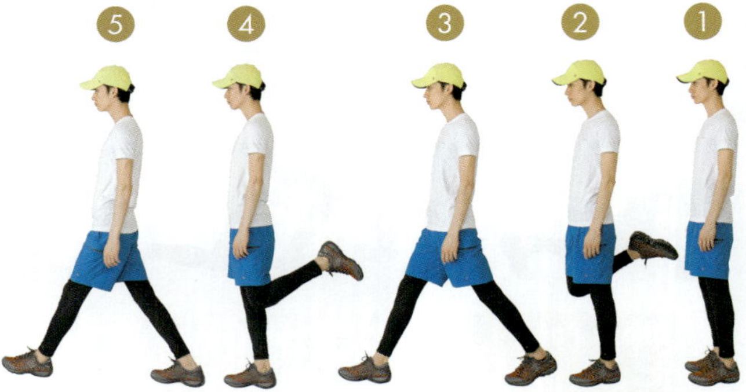

普通のウォーキングのように歩きます。そのとき、これから前へ踏み出す足のかかとを一度、後ろに蹴り上げてから前に踏み出します。

Check Point!
かかとがお尻につく手前まで、足を蹴り上げるつもりで一歩一歩、歩きましょう。

登山のこんなときに役立ちます！

つまづかなくなる

太ももの裏の筋肉が弱いと、つまづくことが多くなります。普段から意識して強化しておけば、登山中もつまづかなくなります。

Check Point!
この歩き方は、実際の登山で、違う目的でも使うことがあります。一歩一歩、歩きながら太ももの前側をストレッチさせることができるので、連続した階段を上り続けて、足がつりそうなときなどに行なうのも効果的です。

ウォーキング6

股関節を大きく動かすウォーミングアップ

ガニ股スキップ

両手を頭の後ろに回し、スキップで前に進みます。 スキップするときに、上げるほうのひざを、ガニ股になるように大きく横に引き上げます。

❶〜❽までを繰り返します。

Check Point!

右手のひじと右足のひざ、左手のひじと左足のひざを体の真横で合わせるようなつもりで。

登山のこんなときに役立ちます!

障害物を乗り越える

足を高く持ち上げることができるようになり、大きな障害物をまたぐことができます。

Check Point!

股関節の可動範囲を大きくし、体も温めることができるので、登山のウォーミングアップとしても使えます。

ウォーキング7

フォークダンスの定番を登山に活かす

マイムマイム

直立した姿勢から、自分の左側に向かってステップを踏みながら、横歩きをします。

Check Point!
頭の中で音楽を感じながらリズムよくステップするといいでしょう。

最初の姿勢。

右足を左前に踏み出し足をクロスさせます。

左足を左にスライド。

右足を左後ろに回し、足をクロスさせます。

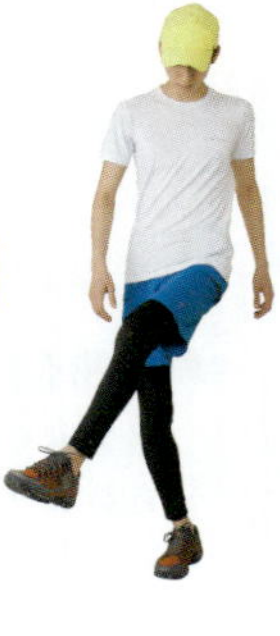

左足を越えるように右足でジャンプします。

マイムマイムのステップ正方向（左側に進む）

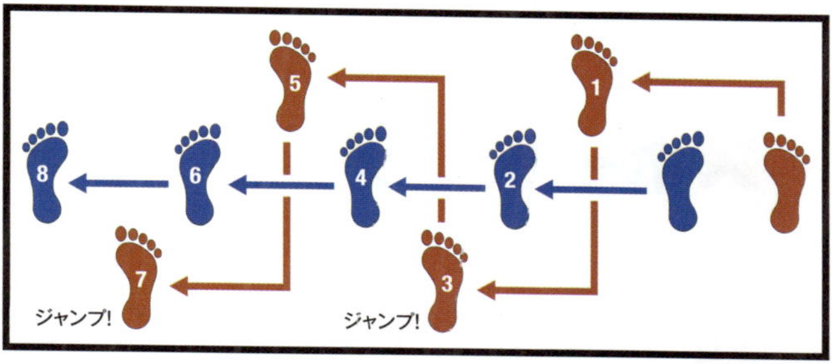

マイムマイムのステップ逆方向（右側に進む）

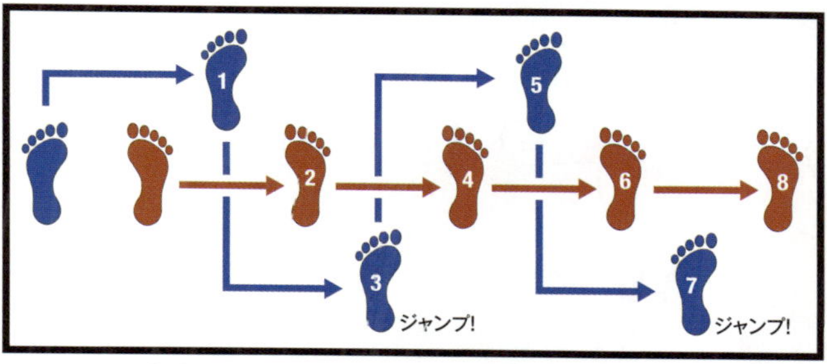

左右両方向で行なうことで、頭の体操にもなります。

登山のこんなときに役立ちます！

足運びがうまくなる

普段から足をいろいろな方向に動かす練習をしていると、万が一、転びそうなときでも、次の一歩を踏み出して、転倒を回避できるようになります。とくにマイムマイムのように、足を交差させて動く練習は、足がもつれてしまうことを予防します。

Check Point!

脳と体を一緒に使う種目はウォーミングアップとしても最適です。早朝の登山では、体を温めると同時に、まだ目覚めきっていない脳を刺激するウォーミングアップとして行ないましょう。

岩登りに必要な技術や体力をアップ

スポーツクライミング

手軽に始められるボルダリングジムが急増

もともとは岩稜登頂をめざす「アルパインクライミング」の、岩に登る行為自体を楽しむ目的で発展したスポーツです。低山ハイキングではあまり使うことのない技術ですが、登山中には多少の岩登りが必要な場所も出てきます。実際に岩場などで使用される、三点支持（手足の4本のうち、3本で体を支え、残りの1本を動かし、移動を行なう）といった技術の向上が図れます。

不慣れな人は多くの体力を消耗したり、落石などを起こしてしまったりするので、日ごろから練習しておくのもよいでしょう。

都心でも室内に設置した人工壁を使ったクライミングジムがたくさんありますし、最近ではロープなどを使わないで、ひとりでも手軽に楽しめるボルダリング専門のジムも増えています。会社帰りにスポーツジム感覚で挑戦できます。全身持久力の向上はあまり見込めませんが、瞬発力や筋持久力のアップに効果があります。

遊び感覚でバランスと体幹を鍛える

スラックライン

ラインの上に立つだけ、歩くだけで効果抜群

スラックラインはひざくらいの高さに張ったベルトの上を歩く、綱渡りのようなスポーツです。平衡性を養うトレーニングとしてアメリカのクライマーたちの間に流行したものが、ヨーロッパなどで広がり、日本でも徐々に人気が高まっています。

単純に綱渡りをするだけではなく、ラインの上でジャンプや宙返りなどのトリック（技）を行なう競技として発展していますので、若者中心のエクストリームスポーツ（過激なスポーツ）として見られることも多いのですが、ラインの上に立ったり、歩いたりするだけでも、充分に平衡感覚を向上させ、インナーマッスルを鍛えることができますので、登山の基礎トレーニングとしても最適です。

最近ではスラックライン専門のジムも徐々に増えてきています。また、クライミングジムにスラックラインが併設されていることもありますので、体験してみてはいかがでしょうか。

上半身も鍛えられる有酸素運動

ノルディックウォーキング

ポールを持てば、いつもの街も登山気分？

一見、トレッキングポールを使った登山と同じように思えるかもしれませんが、ノルディックウォーキングは、登山とはまったく別のスポーツです。

登山でポールを使うのはバランスをとり、ひざや足首などの関節を守るためです。登山の歩き方は、いかにエネルギーを消費しないで歩けるかが基本になりますが、ノルディックウォーキングは、たくさんのエネルギー消費を目的としたエクササイズスポーツです。

このスポーツではポールを後方に突き、体を前へ押し進めることで腕・肩・背中といった上半身もトレーニングすることが可能なので、高いエネルギー消費が期待できます。

定期的に行なえば、酸素を取り込む力（全身持久力）が身につき、高い山でも息切れしないボディがつくれるでしょう。

ただし、歩き方もポールも登山とはまったく異なりますので、山では行なわないようにしましょう。

足運びを上達させる有酸素運動

トレイルランニング

きれいな空気を全身に取り込んで走る

トレイルとは野山などにある未舗装の道のことを指します。トレイルランニング（トレラン）は近年の登山ブーム・ランニングブームによって定着したランニングスポーツです。同じようなランニングとして、以前からクロスカントリーという未舗装の道を走るスタイルがありました。競技として考えると細かい規定が異なりますが、一般的には、あまり高低差のない草原などを走るものをクロスカントリーと呼び、高低差のあるハイキングコースなどを走ることをトレランと呼んで区別しています。

この運動を行なうと、全身持久力が向上するだけではなく、登山での足運びが上達し、登山道の起伏や、浮き石、岩場での歩行などに強くなります。

慣れないうちは転倒や関節痛などのリスクも考えられますので、勾配の少ないコースで行ないましょう。また、ほかのハイカーとのトラブルを起こさないよう、マナーを守ることも大切です。

Column

ナンバ歩きと日本人

平地で何も持たずに歩くとき、私たちはとくに意識することなく右手と左足、左手と右足をセットとして、前後に動かしています。これは、このフォームが最もバランスをとりやすく、エネルギー消費を少なく歩くことができるからです。

ところが、江戸時代の浮世絵には右手と右足、左手と左足を同時に出す「ナンバ歩き」を使って走る飛脚の姿が描かれています。また、日本古来の芸能（能・歌舞伎・日本舞踊など）や武道（相撲・剣道など）のなかにも同じような足運びが存在しています。

登山でも、古くから重たい荷物を山頂まで運ぶ、「歩荷《ぼっか》さん」や「強力《ごうりき》さん」たちの多くがこれに近い足運びをしています。

重たい荷物を背負って急坂を登るときに、平地で歩くように右手と左足、左手と右足を同時に出すと、体がねじれてしまい荷物が揺れてしまいます。そのため歩行が安定せず、かえって体力を消費してしまいます。山の熟練者はこれを防ぐため手を振って歩かない技術を自然に行なっているのです。この足運びは体幹をブレさせない歩き方ともいえますから、日本古来の舞踊や武道などに存在しているのも納得がいきます。

山で無理をしてナンバ歩きをする必要はありませんが、両手をあまり動かさず、体幹をねじらないフォームを自然に行なえるよう、ナンバ歩きを練習してみるのもいいでしょう。

かつて日本人は全員ナンバ歩きだったのではないか？という驚きの説もあります。この説の真相は解明されていませんが、体幹をブレさせないような歩き方が今も日本古来の伝統として、受け継がれているのは確かです。

5

食べて登山ボディをつくる

ボディをつくる「家ごはん」

登山ボディは食事でつくる

世の中に存在する動植物たちは、すべてが食物連鎖のなかに存在しています。もちろん、人間もその例外ではありません。人の体はすべてが栄養素で構成され、そのすべてが自分の食べたほかの動植物、いわゆる食料からつくられています。つまり普段の家の食事が登山ボディを形づくっているといっても過言ではないのです。

食料の構成要素	人間の構成要素
水分	水分 60〜70%
たんぱく質	たんぱく質 15〜20%
脂質	脂肪 15〜25%
炭水化物（糖質）	糖質 0.5〜1%
ミネラル	ミネラル 4〜6%
ビタミン	

食品も人間も同じもので構成されている。

エクササイズだけでは意味がない！
人間は100%食べたものでつくられる

生まれたときに約3000ｇだった体重が、大人になって60kgになったとすれば、最低でも57kg以上を、食事を摂取して身につけたということです。もちろん、生まれたときの3000ｇは、すべて母親が食べたもので作られていますので、人間に100％食べたものでできているといえるでしょう。

エクササイズと栄養を積み木でたとえるなら、エクササイズは食べたものをどのように積み上げるかという作業であり、積み木そのものである栄養がなければ、登山ボディを積み上げることは不可能なのです。

登山ボディは食事で動く

登山や運動といった体を動かすエネルギーも、心臓や脳を動かすエネルギーも食べたものから得られています。現代社会では、体を動かす機会が少なくなり、いつでも好きなだけ食べることができるので、メタボリックシンドローム（内臓脂肪症候群）などの生活習慣病が増加し、世間ではエネルギーの過剰摂取ばかりが大きく取り上げられています。栄養素の役割をきちんと理解し、偏りのないよう、日ごろからバランスよく食事をとることが大切です。

しかし、登山のような環境では、たくさんのエネルギー消費がなされるわりには、簡単には食料を手に入れられない状況になります。このため、普段の生活から多少の体脂肪を体に蓄えておくことも登山ボディには大切です。もちろんメタボや関節痛になるほどでは問題がありますが、多少の体脂肪を蓄えておくことでバテづらくなります。

栄養素の主な役割

1　たんぱく質・脂質・カルシウムなど
（肉・魚・牛乳など）
▼
体を構成する

2　糖質・脂質など
（ごはん・スイーツなど）
▼
エネルギーを生産する

3　ビタミン・ミネラルなど
（野菜・果物など）
▼
体の調子を整える

日ごろからバランスのとれた食事を心がけましょう。

バランス食の基本は定食

いろいろな食材でさまざまな栄養素を

バランス食の基本は「定食」を心がけましょう。ひとつの食材やメニューだけだと栄養素が偏りがちになります。以下の写真のような、主食、主菜、副菜、汁物、デザートなど、数多くの食材を口にすることで、さまざまな栄養素を摂取しましょう。

デザート
高カロリーはＮＧ。カルシウム豊富なヨーグルトやビタミン豊富な果物など。

副菜
ビタミン・ミネラル豊富な野菜で体調を整える。

汁物
たくさんの温野菜を入れてビタミン・ミネラルを。

主食
主にエネルギーになるごはんやパンなど。

主菜
登山ボディづくりになる肉や魚などメインのもの。

料理が苦手・時間がなくても大丈夫

じつは、左写真の料理はすべてコンビニで買った惣菜を、ただ食卓の皿に盛っただけです。忙しい人や料理が苦手で外食が多い人だって、ちょっとした工夫で登山ボディをつくるためのバランスのよい食事をとることができます。

いつもカップラーメンばかりを食べていては、栄養のバランスが崩れ、登山に必要な体力が落ちてしまいます。外食が多い人は、日ごろから食品栄養表示をしっかり読んで、自分が普段食べているものの栄養素を確認しましょう。

食品栄養表示の表記には注意が必要!

商品のパッケージなどに記入されている食品栄養表示には、エネルギーだけでなく、たんぱく質、脂質、糖質（炭水化物）なども記載されています。ほかにもファミレスなど大手の外食チェーン店では、すべてのメニューに栄養表示がされていることが多いので、普段から確認する習慣をつけましょう。また、こういった食品栄養表示は、100ｇ当たりの表示なのか、1食あたりの表示なのかによっても摂取カロリーが異なってしまうので、注意しましょう。

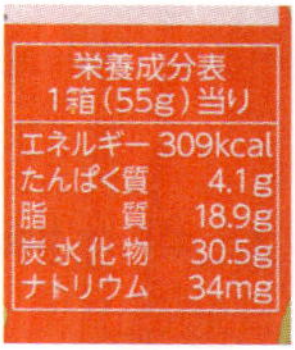

栄養成分表
1箱（55g）当り

エネルギー	309kcal
たんぱく質	4.1g
脂質	18.9g
炭水化物	30.5g
ナトリウム	34mg

一箱当たりの表示

これならば、すべて食べた場合に、表示されている数値の栄養が摂取できる。

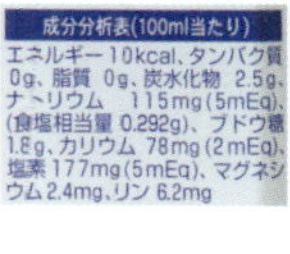

成分分析表（100ml当たり）
エネルギー 10kcal、タンパク質 0g、脂質 0g、炭水化物 2.5g、ナトリウム 115mg（5mEq）、（食塩相当量 0.292g）、ブドウ糖 1.8g、カリウム 78mg（2mEq）、塩素 177mg（5mEq）、マグネシウム 2.4mg、リン 6.2mg

100㎖当たりの表示

500㎖のペットボトルをすべて飲むと、表示されている数値の5倍になる。

命を守る「山ごはん」

山ごはんは登山者の命を守る「盾」

近年、山での遭難者数が大きく増加し、10年前に比べて約1.6倍以上に膨れ上がっています。これを原因別で見てみると、滑落、転倒、転落、道迷い、疲労といったもので80%近くが占められています。

登山は単純に運動能力が高ければよいというものではありません。運動能力以外にも経験・装備・知識といったさまざまなスキルが求められます。食事に対する知識や装備もそのひとつです。登山中、食事はいろいろな角度から登山者の命を守る「盾」となります。もう一度、食事の重要性を見直し、山での食事のあり方について考えてみてはいかがでしょうか。

山の危険から身を守る主な栄養の働き

1 厳しい山の気候の変化に耐える
- 極寒のなかでも、常に体温を保ち続ける働き
- 暑い環境下では水分調節や体温調節の働き

2 道迷いを防ぎ、転倒を予防する
- エネルギーとして脳の働きを活発にさせる働き

3 体を動かし続け、目的地に到着する
- 筋肉にエネルギーを供給し、動かし続ける働き

4 万一の遭難で、生き延びる
- 救助を待つ間の生命活動を維持させる働き

山ではエネルギーが不足する

厚生労働省の「健康づくりのための身体活動基準2013」によると、登山の活動強度は0〜4.1kgの荷物を持った場合は、6.5メッツ。約4.5〜9.0kgの荷物を持った場合は、7.3メッツです。これは、登山のエネルギー消費が安静座位（座って安静にしている状態）の6.5〜7.3倍のエネルギー消費に相当することを示しています。

しかし、消費エネルギーが6.5〜7.3倍だとしても、普段の6.5〜7.3倍もの食事を山行中に食べなければいけないということではありません。

栄養素は、それぞれ性別、年齢、体形、身体活動レベルなどに応じた「基準量」というものが示されています。過剰な食事をとってしまうと、必要のない栄養素まで過剰に摂取することになり、健康を害する恐れもあります。

バランスよく栄養素を摂取するためには、朝・昼・晩の３食（山ごはんも含む）は可能なかぎり日常の生活に近いものを食し、登山で消費されるエネルギーや栄養素の不足分を間食（行動食）で補うことが大切です。

登山のエネルギー消費量計算式

エネルギー消費量＝

登山の活動強度（メッツ） × 体重（kg） × 時間（h）

0〜4.1kgの荷物の場合＝6.5メッツ
約4.5〜9.0kg荷物の場合＝7.3メッツ

＊メッツ＝安静座位を１とする活動強度の単位

計算例

①体重50kgの人が３kgのザックを背負って５時間登山した場合

6.5（メッツ）×50（kg）×5（h）＝1625kcal

②体重70kgの人が８kgのザックを背負って５時間登山した場合

7.3（メッツ）×70（kg）×5（h）＝2555kcal

成人男性（30歳代・身体活動レベル普通）の１日の推定エネルギー必要量が約2650kcal。8kgのザックで５時間登山すると、ほぼ１日分のエネルギーを消費してしまうことがわかる。

山で不足する栄養素

山では、この栄養素が不足する

登山では以下に挙げる栄養素が不足しがちになりますので、バランスのいい食事で補うよう心がけましょう。

バテないためのエネルギーとビタミン

炭水化物（糖質）

1g当たり4㎉のエネルギーを持ちます。体内で効率よくエネルギーを生み出すことができるので、登山で消費したエネルギーを補うのに最も適した栄養素です。ごはん・パン・麺類・砂糖などに多く含まれています。

ビタミンB1

エネルギー代謝に大きく関わっているビタミンです。炭水化物（糖質）のエネルギー生成に不可欠です。豚肉・玄米・胚芽米・全粒粉の小麦粉などに多く含まれています。

脂質

1g当たり9㎉の高エネルギーを持ちますが、体内では炭水化物（糖質）と一緒でなければエネルギーを生み出すことができません。植物油・バター・ナッツ類に多く含まれています。

筋肉を構成するたんぱく質

たんぱく質

筋肉を構成する細胞の主成分です。1g当たり4㎉のエネルギーを持つ熱量素です。エネルギー不足のまま歩き続けると、筋肉細胞が分解され、エネルギー生産に使われてしまいます。よって、たんぱく質の補給が必要になります。下りでは筋肉の疲労が多いため、下山後に速やかに補給して筋肉を回復させましょう。肉類・魚介類・卵・大豆製品・乳製品などに多く含まれます。

筋肉に必要なミネラル

カルシウム

骨や歯を形成する栄養素として知られるカルシウムは、筋肉の収縮や弛緩に大きく関わっています。乳製品・大豆製品・小魚・モロヘイヤ・大根の葉などに多く含まれています。

マグネシウム

カルシウムとともに筋肉の収縮や弛緩に大きく関わっています。これらが不足すると、足がつるといった症状を引き起こすこともあります。玄米・ナッツ類・魚介類・海藻類などに多く含まれています。

水分調節に重要なミネラル

ナトリウム

カリウムとともに細胞内外の水分量の調節に必要です。日常生活で不足することはなく、むしろ過剰摂取が問題視されていますが、大量に汗をかく夏の登山では不足することもあります。調味料・加工食品に多く含まれます。

カリウム

ナトリウムとともに細胞内外の水分量の調節に必要です。これらが不足することによって体内の水分バランスが崩れ、脱水症状や足がつるといった症状を引き起こすことがあります。

日ごろから栄養バランスを！

栄養素は体内でお互いに作用し合って機能していますので、過剰な摂取や不足はほかの身体機能にも影響を及ぼします。ここで紹介した以外の栄養素（ほかのビタミンやミネラル、食物繊維など）は、どれをとっても人間に欠かすことのできない栄養素です。日ごろから、栄養バランスのよい食事をとり、たくさんの栄養素で体を満たして登山に臨みましょう。

行動食で登山ボディを維持

行動食はエネルギー不足を補うおやつ

登山ではたとえ日帰りだとしても、たくさんのエネルギーが消費され、多くの栄養素が失われます。それらすべてを途中で食べる山ごはん1回で補給することはできません。そのため登山中のちょっとした休憩時、もしくは歩きながら、必要な栄養を補給する「行動食」といわれる、いわゆる「おやつ」を食べることになります。

おにぎりやパン、チョコレート、ナッツなど、主にエネルギー不足を解消する糖質や脂質が多く含まれている食品を選びましょう。調理せず簡単に食べられるものを選び、バテてしまわないようにこまめな補給をしましょう。

登山に必要な栄養素・エネルギーはこまめに補給

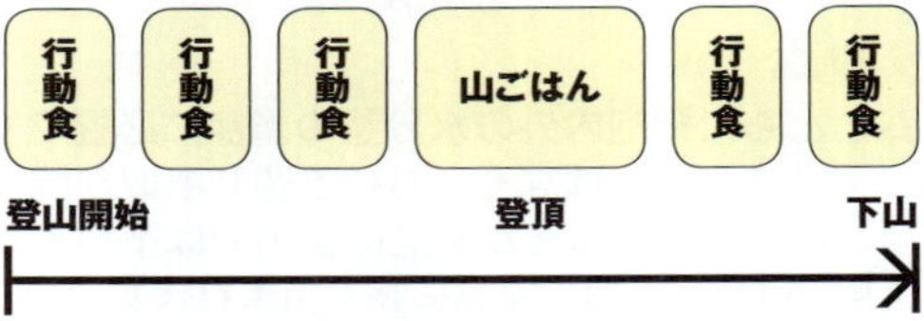

複数の「行動食」と「山ごはん」で１日の栄養・エネルギー分を摂取しましょう。

非常食を携帯しよう

非常食とは、道迷いやケガなどによって、ビバーク（その場で停滞、野営）を余儀なくされたときなどに、生命維持のために食べるものです。

調理のできない状況や食事がのどを通らないこともあるので、水なしでも食べられるものが適しています。

夏場は保存性が高く、冬は凍らないことも重要なので、行動食と同じような食べものがよいでしょう。

行動食と非常食をしっかりと分けていない人も多くいますが、非常食とする分はザックの底に入れておき、いざというときにしか手をつけないようにしましょう。

非常食は食べる状況にならず家に持ち帰ることが望ましいものですから、日持ちするものを選んでおけば、次回の山行に繰り越すことができます。

行動食は1時間ごとに100～200kcalを摂取

　登山の消費エネルギーは、安静座位（座って安静にしている状態）の6.5～7.3倍にあたります。しかし、そのすべてを行動食からとる必要はありません。山ごはんや体脂肪からもエネルギーを得ることができるからです。

　性別や体格、熟練度などの個人差、山のハードさの違いがあるので一概にはいえませんが、1時間（休憩時間を含まない）ごとに100～200kcal程度を目安に、行動食をとるのがよいでしょう。

　以下に例を示します。

5～7時間の行動食の一例
（休憩時間を含まない）

エネルギーバー…約150kcal×2本
＋
果汁グミ…約170kcal×1袋
＋
板チョコレート…約300kcal×3分の1枚
＋
柿の種小分け袋…約180kcal×1袋
＝
合計750kcal（1時間当たり約150kcal）

ザックの取り出しやすい場所に入れておき、少量ずつ、こまめに食べるとよいでしょう。

登山ボディには水が必要

1日最低1.5ℓの水が必要

人間の体の60〜70%は水分が占めています。人間の細胞の内外にはたくさんの水が存在し、さまざまな役割を果たしています。登山においても水はとても大切な役割があります。夏場の登山では、水は1日に最低1.5ℓを必要とします。高山病対策としても水は関わりの深いものですが、ここではもっと身近な登山との関係を説明します。

水は筋肉に酸素や栄養を運び、バテを防ぐ

登山は有酸素運動です。山を登るために使われる筋肉は大量の酸素や栄養を必要としていますが、それを潤滑に運ぶ働きをする血漿《けっしょう》のおよそ90%以上が水でできています。

暑い夏に登山で大量の汗をかいてしまうと、この血漿の水分が奪われ、いわゆるドロドロの血液になってしまいます。血液がドロドロになってしまうと、これまで潤滑に運ばれていた酸素や栄養がうまく筋肉に運ばれなくなってしまうので、機能が低下して疲れやすくなってしまいます。

また、筋肉と同じように脳にも酸素や栄養は必要です。脳の機能が低下してしまうと、転びやすくなったり、道迷いの原因になったりするので注意が必要です。

水は体温を調節し、熱中症から身を守る

人間は体の中でさまざまな化学反応を繰り返しながら生きています。そのなかには、温度が変化してしまうとうまく反応を起こさないものもあります。人間の体温はどのような環境においても、常に一定に保たれなければなりません。

夏に登山をしていると、太陽からの強い日差しや、運動性の発熱によって体温が上昇します。こういったときに体内の温度調節をしてくれるのも水の働きです。汗によって体の熱を外に逃し、その汗が蒸発する気化熱によって、さらに体温を下げます。

体内に水分が少なくなり、脱水症状になると、この温度調節がうまくいかなくなり、体の熱が高くなってしまう、いわゆる熱中症に陥る危険があります。

水分とミネラルは常にセットで摂取

汗をかくと水分と同時にミネラル（主にナトリウム）も失われます。体の水分は、このミネラルによって調節されるので、水だけでなく、失われたミネラルも同時に補給しなければなりません。

そのため、登山などの多くのスポーツでは水やお茶ではなく、ミネラルの含まれるスポーツドリンクが望ましいとされています。

しかし、実際に脱水症状に陥ると、めまいや頭痛などによって、甘いスポーツドリンクがうまく飲み込めない状態になることがあります。このような状態のときにも比較的飲みやすく、脱水症状の対応に適した「経口補水液」がドラッグストアなどで購入できますので、真夏の登山の際はザックに入れておくのもよいでしょう。

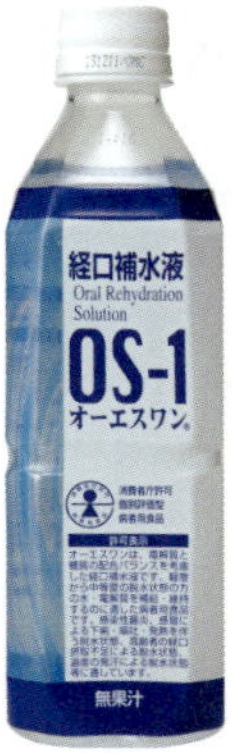

「トイレに行きたくないから水分補給しない」はNG

よく整備されたハイキングコースならトイレがある程度の距離ごとに完備されていますが、あまり人の来ない登山道やロングコースではなかなかトイレはありません。とくに女性にとって、これはかなり重要な問題です。なかにはトイレに行きたくならないようにと水分を控えてしまう人もいます。

しかし、それでは脱水症状に陥ることも考えられます。のどが乾いたからといって普段どおりにゴクゴクと水を飲んでしまえばトイレも近くなりますが、のどが乾く前に一口ずつ、こまめに水分をとり、汗で失われたミネラルも一緒に補充すれば、それほどトイレが近くなることはありません。

食事で体力の弱点をカバー

アイデアレシピで登山を楽しく安全に

山ごはんは登山の楽しみ方のひとつです。とくに、自分で作った料理は一段とおいしく感じられます。登山用品店に行けば、山用のガスストーブやクッカー、カトラリーがたくさん販売されていて、道具をそろえるだけでも楽しくなります。

でも、せっかく料理をするなら、ただ楽しむだけではもったいないですね。ちょっとしたアイデアをプラスして、山ごはんで体力の弱点をカバーしてみませんか？　今回ご紹介するのは、そのアイデアのほんの一例です。

それぞれに栄養のポイントも解説していますので、それらを参考に、みなさんもいろいろな食材を組み合わせて、自分の登山ボディに合った山ごはん作りにチャレンジしてみてください。

山ごはんで体力をカバーする際の3つのポイント

1 必要な栄養をしっかり補給
バランスのとれた食事をとることが前提です。そこに弱点を克服する栄養素をプラスしましょう。

2 食材・調理器具は軽く
山行中、ザックに入っている調理器具や食材の重さは、少なからず体力を消耗させます。なるべく軽くなるように考えましょう。

3 調理時間は短く
とくに寒い環境では料理している間に、どんどん体が冷えていきます。調理に時間をかけすぎないよう、家での下ごしらえや手順の工夫を考えましょう。

山ごはんレシピ1

「バテやすい」克服レシピ

豚バラの梅しそ丼

材料＆作り方　→P110

シャリバテ撃退!　大満足のボリューム丼

　しっかりとした食事をとらないで、エネルギー不足でバテてしまうことを登山ではシャリバテと呼びます。このシャリバテは、主に低血糖が原因ですので、ごはん（糖質）をとって、血糖値を上昇させれば回避することができます。

　豚肉に多く含まれるビタミンB_1は糖質がエネルギーを生み出すのに必要な栄養素。また、筋肉中にたまった疲労物質の乳酸を分解してくれます。

　また、にんにくにはビタミンB_1の吸収を高めてくれるアリシンが多く含まれていますので、一緒にとると効果的です。

　梅干しに含まれるクエン酸は疲労回復だけでなく、食欲増進や抗菌作用もありますので、登山におすすめの食材です。

山ごはんレシピ2

「足がつる」克服レシピ

アボカド&チーズでミネラル補給!

チーズに多く含まれるカルシウム、大豆に含まれるマグネシウムはともに筋肉の働きを調整して動きをスムーズにし、足がつるなどの症状を抑制してくれる栄養素。森のバターと称されるアボカドはとても栄養価が高く、なかでも登山中の発汗で失われやすいカリウムを多く含みます。水に溶けやすく、加熱に弱いカリウムを摂取するためには、生で食べられるアボカドは最適といえるでしょう。カリウムはナトリウム（塩分）とともに筋肉中の水分を調節します。塩分が多く含まれるドレッシングと一緒にとることが大切です。

また、筋肉の血流をよくするため、水分をしっかりと補給し、休憩時にマッサージやストレッチをすると、さらに効果的です。

彩りコブサラダ

材料&作り方 →P110

山ごはんレシピ3

「食欲不振」克服レシピ

根菜のすり流し汁

材料＆作り方　→P110

さっぱりとした汁物で山ごはんに慣れる

登山ではとても多くのエネルギーを消費するので、ロングコースであれば、栄養補給のために必ず途中で食事が必要になります。食欲がない場合は無理に登山を続けずに下山する決断も必要です。

運動時にいつも食欲が落ちてしまう人は、まず、登山中の山ごはんに慣れる必要があります。果物やゼリーなど手軽に食べられるものから始め、汁物や麺類など、のど越しのよいさっぱりとしたものを食べて、山ごはんを習慣づけましょう。

とろろの粘り成分であるムチンは胃の粘膜を保護し、消化・吸収を助け、食欲を増進させる効果がありますが、あまり加熱してしまうと、消化酵素の働きが失われてしまうので注意が必要です。

山ごはんレシピ4

「熱中症」対策レシピ

冷たいスープを魔法瓶に入れて

夏の登山では、発汗により体の水分を多く失うので、半日の山行でも、1.5ℓ程度の水を補給する必要があります。また、汗によって失われるミネラルの補給もしっかりと行なわなければなりません。

とくにナトリウム（塩分）は発汗によって失われやすいため、意識して補給することが大切です。この野菜ジュースをベースにしたガスパチョには水分調整に大切なミネラルが豊富に含まれており、トマト、レモンに含まれるクエン酸は疲労回復、食欲増進に効果があるので、真夏の登山に最適なスープです。

前日に調理して、冷蔵庫で冷やし、魔法瓶に入れて持っていけば、冷たくておいしいガスパチョを山で楽しむことができます。

ガスパチョ（冷製スープ）

材料＆作り方　→P111

山ごはんレシピ5

「寒さ・冷え」対策レシピ

カボチャとツナのココナッツカレー

材料＆作り方　→P111

辛さと温かさで体の芯からぽっかぽか

登山では、行動しているときには寒さを感じませんが、休憩時などに体が冷えてしまいます。保温性の高い魔法瓶に温かい飲み物を入れておき、休憩時には体を内側から温めましょう。辛いものも効果的です。唐辛子に含まれるカプサイシンやしょうがに含まれるショウガオールといった辛味成分は、血行を促進して体を温めます。ショウガオールは加熱することで増えますので、スープやカレーなどに入れると、さらに効果的です。

カボチャやツナに含まれるビタミンEには末梢血管を拡張させ、血行をよくする作用があります。寒さで血行が悪くなると凍傷になる恐れもあります。食事だけでなく、指先をこまめにマッサージして血流を促すことも大切です。

下山後のレシピ1

「疲労感」回復レシピ

下山後は濃厚なごほうびスイーツに癒される

はちみつは消化吸収の早い果糖やブドウ糖を主成分としていますので、登山で失われたエネルギーの補充に素早い効果があり、疲労感を速やかに解消してくれます。

ヨーグルトなどの乳製品には筋肉を構成する細胞の主成分となる良質なたんぱく質が含まれているので、登山で疲労し、傷ついた筋細胞を修復してくれる効果があります。

ココア独特の「ほろ苦い香り」の成分であるテオブロミンは血行を促進し、緊張を緩やかにしてくれるため、リラックスしたいときにおすすめです。

なにより、登山を頑張った自分に「ごほうびスイーツ」をプレゼントして、心も体も癒してあげることが大切です。

水切りヨーグルトのティラミス風

材料＆作り方　→P111

下山後のレシピ2

「日焼け」ケアレシピ

アセロラフルーツポンチ

材料＆作り方　→P111

下山後はひんやりデザートでビタミンCを補給

標高の高い山では、平地に比べ紫外線の量が20～30％増加するといわれています。

日焼けはやけどの一種です。体温の上昇や皮膚細胞の損傷によって体力を消耗させるので、登山中はUVカットのウェアや日焼け止めなど、万全の日焼け対策が必要です。

万一、日焼けをしてしまったときは皮膚の新陳代謝を促す食事でケアしましょう。

アセロラやキウイに含まれるビタミンCは、コラーゲンの合成に働き、皮膚を強くします。また日焼けによるメラニン色素の生成を抑える効果があります。

ビタミンCは大量に摂取しても、余分なものは体外に排泄されてしまうので、効果を維持するためには、こまめに摂取する必要があります。

山ごはんと下山後のレシピの材料&つくり方

（材料はすべて２人分）

豚バラの梅しそ丼

豚バラ肉ブロック…300g
しめじ…１袋
大葉…６枚
白ゴマ…小さじ２
梅干し…２個
ポン酢…大さじ２
はちみつ…小さじ２
おろしにんにく…小さじ１
塩、コショウ…少々
酒…小さじ２
ご飯…２人分

①豚バラ肉は１cm幅にスライスし、塩、コショウ、酒で下味をつけてジップつきポリ袋に入れておく。梅干しは包丁で細かく刻み、ポン酢、はちみつ、おろしにんにくを合わせて蓋つき容器に入れておく（合わせ調味料）。しめじは石づきを取り、小房に分ける。
②フライパンに火をかけ、油をひかずに豚バラ肉を軽く焦げ目がつくまで両面焼く。
③肉を一旦取り出し、しめじを加え火が通るまで炒めたら、再び肉を入れる。
④合わせ調味料を加え、全体に絡まるように炒め合わせる。
⑤ご飯の上に大葉と④をのせ、白ゴマをふる。

彩りコブサラダ

生野菜サラダ…１袋
温泉卵…１個
ミニトマト…６個
ゆで大豆…１袋
アボカド…１個
コブサラダ用ドレッシング…適量
プロセスチーズ（スライス）…４枚
レモン汁…少々
トルティーヤチップス…適量

①アボカドは種に沿ってふたつ割りにしたら、種をくりぬき、一口大に切り、レモン汁をかける。
②生野菜を皿に敷き、アボカド、ミニトマト、ゆで大豆、プロセスチーズ、トルティーヤチップスを彩りよくのせ、中央に温泉卵をのせる。
③最後にコブサラダ用ドレッシングをかける。

根菜のすり流し汁

根菜の水煮…１袋
水…２カップ
長いもとろろ（冷凍）…１袋
白だし…60mℓ
ねぎ（フリーズドライ）…少々
片栗粉…大さじ１
片栗粉を溶く水…少々
おろししょうが…お好みで

①水煮の根菜は水気を切っておく。
②鍋に水、根菜を入れ火にかける。
③沸騰したら好みの固さになるまで煮て、白だしで味を調える。
④水溶き片栗粉を加えてとろみがついたら、火を止め、とろろを加えて、さっと混ぜる。
⑤器に盛り、ねぎをふり、おろししょうがを添える。

ガスパチョ

野菜ジュース（トマトベース）…400mℓ
トマト…１個
にんにく…１かけ
バケット…１切れ
きゅうり…1/3本
レモン…適量
白ワインビネガー…大さじ2/3
オリーブオイル…大さじ２
塩…小さじ1/2
コショウ…少々

①トマトは湯むきし、ざく切りに。きゅうりは小さめの角切り、レモンはいちょう切りにする。
②きゅうり、レモン以外の材料をミキサーにかける。
③魔法瓶に注ぎ、蓋をせずにラップをして冷蔵庫で一晩冷やす（蓋をして冷蔵庫に入れると、しっかり冷えません）。
④登山に携行し、食べる直前にきゅうりとレモンを飾る。

カボチャとツナのココナッツカレー

玉ねぎ…100g
カボチャ…150g
にんにく…１かけ
しょうが…１かけ
ツナ缶…１缶
鶏もも肉…100g
カレールー…２かけ
ココナッツミルク…1/2缶
水…200mℓ
サラダ油…適量

①玉ねぎ、カボチャ、鶏もも肉はひと口大に切る。
②鍋にサラダ油を入れ、鶏肉を加えて炒める。鶏肉に焼き色がついたら、みじん切りにしたにんにく、しょうがを加え、香りが立つまで炒める。
③玉ねぎ、カボチャを加え、さらに炒める。
④水、ココナッツミルク、ツナ缶を汁ごと加え、野菜に火が通るまで煮込む。
⑤一旦火を止め、ルーを溶かし入れ、火にかけ、とろみがつくまで煮込む。

水切りヨーグルトのティラミス風

プレーンヨーグルト…300g
ピュアココア…小さじ２
インスタントコーヒー…小さじ1/2
お湯…大さじ１
ハチミツ…20g
バナナ…１本
カステラ…20g

①ボウルにざるを置き、ペーパータオルを敷きプレーンヨーグルトをのせる。
②①にラップをかけ、冷蔵庫に４～５時間くらい入れて、自然に水気を切る。
③グラスにカステラを敷き、湯に溶いたコーヒーを浸しておく。
④③の上に、水切りしたヨーグルト、バナナ、ハチミツ、ココアを順に盛り付ける。

アセロラフルーツポンチ

アセロラドリンク…200mℓ
砂糖…大さじ１
ゼラチンパウダー…５g
水…50mℓ
サイダー…120mℓ
缶入りみかん…80g
キウイフルーツ…1個
白玉粉…25g
ぬるま湯…25mℓ

①キウイフルーツはいちょう切りにし、缶入りみかんはシロップを切っておく。
②耐熱容器に水を入れ、電子レンジで加熱する。砂糖、ゼラチンを加えてよく溶かし、アセロラドリンクを加える。
③器に注ぎ冷蔵庫で冷やしておく。
④白玉にぬるま湯を加え、耳たぶくらいの固さになったら、８等分にして丸める。
⑤鍋にお湯を沸かして白玉を茹で、浮かんできたら冷水に取り、冷やす。
⑥アセロラゼリーの上にキウイフルーツ、みかん、白玉をのせ、サイダーを注ぐ。

サプリメントも効果的に活用

不足した栄養素を必要な量だけ摂取

サプリメントとは、不足しがちな栄養素を補うための「栄養補助食品」のことで、一般的には錠剤、カプセル、粉末、液状といった形態のものを指します。現在はコンビニやスーパーなどでも、たんぱく質、アミノ酸、ビタミン、ミネラル、その他さまざまな栄養素のサプリメントが発売されています。しかし、これらは、あくまで栄養補助としての役割です。

本来、バランスのとれた食事を心がけていれば、日常生活において、サプリメントを使う必要性はありません。栄養素のなかには過剰に摂取すると、健康を害する恐れがあるものもたくさんあります。

安易にサプリメントを使用することはせず、まずは、バランスのとれた食生活を心がけることが第一です。それでも不足してしまう場合は、目的に応じた栄養素を必要に応じた量だけ摂取するようにしましょう。

目的に応じた栄養素の含まれるサプリメントを選びましょう。

効果的なサプリメントのとり方

家では？

目的に合わせて慎重に

たとえば乳製品が苦手な人やアレルギーの人などが、ほかの食品だけでカルシウムを充分に摂取できない場合や貧血ぎみの女性が食事のみでは鉄分が不足してしまう場合など、必要に応じて、目的に合ったサプリメントを選びましょう。

しかし、あくまで栄養を補助するのがサプリメントの目的なので、あまり頼りすぎないように注意しましょう。

登山中は？

行動食や非常食として活用する

P98で紹介したように、行動食もまた、エネルギーや栄養素を補助するという目的があるので、最近では行動食としてサプリメントを活用するといったケースも増えています。

また、日持ちがよいため、日ごろからザックの奥にしのばせておけば非常食として利用でき、遭難などの緊急時に命を救ってくれることがあるかもしれません。こういった点から、行動食や非常食としてサプリメントを利用する場合は、エネルギーを補助するタイプのものを選ぶとよいでしょう。

下山後は？

筋肉の疲労を回服させるものを

下山中は、筋肉が伸びる（伸張性）収縮をしてブレーキの役割をします。これによって筋肉は大きく疲労するので、下山後は速やかに筋肉を回復させるために良質なたんぱく質を摂取する必要があります。しかし実際は下山後すぐに食事ができないことも多くあります。こういった場合に、サプリメントを利用すると効果的です。たんぱく質を摂取すると、体内ではアミノ酸にまで分解され吸収されます。アミノ酸系のサプリメント（とくにBCAAといったもの）は、より速やかに筋肉の回復を促すので、登山後の筋肉の疲労がなかなか取れない人は、試してみるのもよいでしょう。

Column

ダイエットと登山
（脂肪燃焼のメカニズムと行動食）

体脂肪の燃焼は、よくロウソクに例えられます。ロウがゆっくり燃えるのは芯があるからです。逆に芯がゆっくり燃えるのはロウがあるからです。試しにロウを剥がして芯を取り出し、別々に火をつけてみます。ロウだけに火をつけても燃えません。ロウは芯がなければ火がつかないのです。芯だけに火をつけると燃えますが、すぐに燃え尽きてしまいます。体に蓄えられた糖質と脂肪は、まさに芯とロウの関係といえます。

一般的な成人男性（体重60kg・体脂肪率15％）の人を例に挙げると、体に貯蔵されている糖質は、約450g。これをエネルギー換算すると、約4時間の登山で枯渇してしまいます。一方、体脂肪は約9000gで、約144時間もの登山が可能です。これほど長時間のエネルギー生み出すことができる脂肪ですが、体に蓄えられていた糖質を先に燃やしきってしまうと、たくさんの脂肪があっても燃焼させることは一切できず、エネルギーとして利用できません。このため、いかにして糖質（＝芯）を保ち続けながら、たくさんの脂肪（＝ロウ）を燃やすことができるかが登山には求められます。

行動食として糖質をこまめにとることは、体脂肪を燃焼させるうえで、とても効果的といえます。最近では炭水化物（糖質）を過剰に控えるダイエットを行なっている人もいますが、これでは脂肪を燃焼させることができません。たとえ体重が減ったとしても、それは、筋肉を分解してエネルギーを産生したために、筋肉が減少しただけです。効率よく脂肪を燃焼させるため、過度な糖質制限は控えましょう。

芯＝糖質の特徴

1.単体で燃焼できる
2.素早く燃焼する
3.すぐに燃え尽きる

ロウ＝脂肪の特徴

1.単体で燃焼できない
2.ゆっくりと燃焼する
3.長持ちする

6

長く使える登山ボディを持とう

老化と登山

20代でも体力は低下している

老眼、もの忘れ、関節痛といった老化を自覚しやすい症状は、40代以上になってはじめて感じる人が多く、20〜30代であれば、老化という言葉を聞いても「まだ自分には関係ない」と思う人も多いかもしれません。しかし、20代であっても、実際は自覚できないところで少しずつ老化は進んでいます。

登山で必要な「体力」を例にとって考えると、体力テストの合計点による体力水準は男性17歳、女性14歳ごろにピークを迎え、その後、10代のうちは、ほぼ横ばい（緩やかに低下）に推移しています。しかし、20歳を過ぎると 、体力水準は男女とも、加齢にともなって、明らかに低下していくのがわかります。（下図参照）

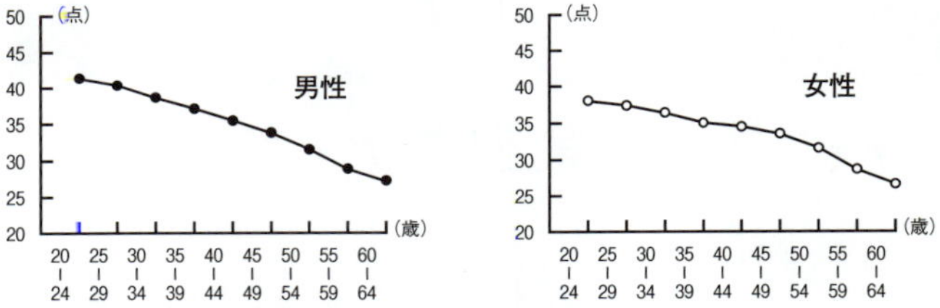

体力・運動能力調査（文部科学省・平成23年度）新体力テストの結果データから作成。

老化現象は登山事故のリスクが高くなる

皮膚膜の薄化
免疫機能の低下
体温調節機能の低下 など
➡ **体調を崩しやすくなる**

視力の低下
筋力の低下
骨強度の低下 など
➡ **転びやすくなる**
ケガしやすくなる

肺活量の低下
最大心拍数の低下
血管の硬化 など
➡ **バテやすくなる**

運動習慣で、体力は25歳若返る!?

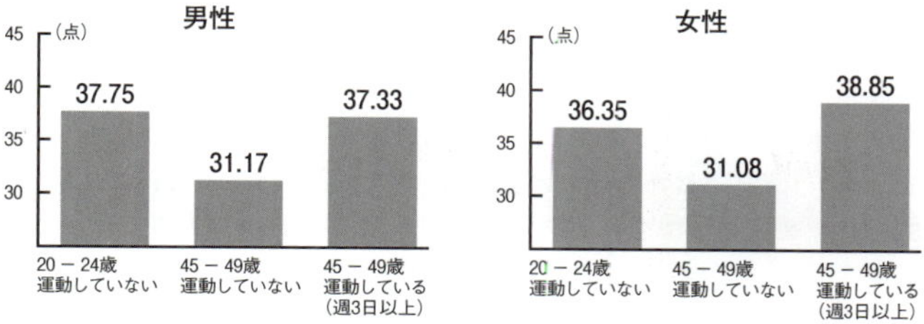

体力・運動能力調査（文部科学省・平成23年度）新体力テストの結果データから作成。

人が生きている以上、老化現象は避けられないものです。しかし、生活習慣に気をつかっていれば、そのスピードを緩やかにすることができます。

上の図を見ると、運動を行なっていない20〜24歳に比べて、運動を行なっていない45〜49歳の男女は、著しく体力テストの合計点が低下しています。

しかし、週3日以上運動を行なっている45〜49歳は、20〜24歳に比べ、男性がほぼ同じ水準、女性は上回っているという結果になっています。つまり、週3日以上の運動習慣があれば、体力的に（この年代において）、25歳もの年齢差をカバーできる、ということになります。

また、登山に必要なものは体力だけではありません。歩き方のフォームやペース配分など、経験によって得られる技術も年齢を重ねることで向上していきます。登山道で、疲れ果てている若い人たちを横目に、どんどん登る中高年の姿が多い背景には、こういった理由も考えられるでしょう。

メタボと登山

メタボリックシンドローム

メタボリックシンドローム（内臓脂肪症候群）は、単に「太っている」という意味ではありません。メタボは生活習慣の悪化によって、内臓脂肪が蓄積し、種々の代謝障害を引き起こしている状態のことを指します。

メタボを改善しないと、将来、心筋梗塞や脳卒中といった重篤な疾患を発症するリスクが高いため、現在、厚生労働省では、40～74歳までの公的医療保険加入者全員を対象に、健診によってメタボを診断し、適切な保険指導を行なう「特定健診・特定保険指導」（メタボ健診）を実施しています。

20～30代の人は、以下のメタボ基準値を超えることが少なく、あまり関心のない人も多いと思いますが、「20歳を過ぎてから増えた体重は内臓脂肪」といわれています。20歳を過ぎてから体重が増えている人は、たとえ、検査値に表れなくとも、将来のリスクは高まっています。20歳のころの体重を超えないように心がけましょう。

メタボの判定基準

腹囲（ヘソ位周囲長）

男性85㎝以上　女性90㎝以上

＋

以下の３項目のうち２項目以上が該当

①血糖値
空腹時血糖
110mg/dL
以上

②血圧
収縮期血圧
130㎜Hg
以上
もしくは
拡張期血圧
85㎜Hg
以上

③血中脂質
中性脂肪
150mg/dl
以上
もしくは
HDL
40mg/dl
未満

※特定保険指導の場合、喫煙歴も考慮される。

登山を通じたメタボ予防と対策

登山はメタボ判定基準である項目のすべてを予防する効果が期待できます。しかし、あくまで予防と軽度な症状の改善です。すでに医療機関にかかっていたり、健診項目で著しく高い数値があったりする人は、必ず医師の指導のもとで登山を行なってください。

1 腹囲を落とす

内臓脂肪を減少させ、腹囲を落とすことは、メタボ予防で一番大切です。そのためには、食事を改善して適切なエネルギーを摂取することと、体を動かして多くのエネルギー消費をすることが重要です。とくに登山のような有酸素運動は、内臓脂肪の減少にとても効果的です。

2 血糖値を下げる

登山は有酸素運動による血糖値の安定効果（血糖値の低下やインスリンの感受性の増加）が大きく期待できます。しかし、インスリン注射が必要な人や、血糖コントロールがかんばしくない人などは、運動によって低血糖を引き起こす可能性もありますので、注意が必要です。

3 血圧を下げる

長期的に考えると、登山のような有酸素運動は血圧を下げる効果がありますので、高血圧の改善につながります。しかし、登山中は一時的に心拍数が増大し、血圧も上昇しますので、日ごろから血圧測定を行ない、血圧の高い日は登山を控えたほうがよいでしょう。

4 血中脂質を改善

善玉コレステロールと呼ばれるHDLコレステロールは、歩くことで増加します。登山の主な動きは歩くことですので、HDLコレステロールの増加が期待できます。中性脂肪の減少にも登山は効果がありますが、食事療法と併用して行なうとより効果的です。

ロコモと登山

ロコモティブシンドローム

ロコモティブシンドローム（運動器症候群）は、立つ、歩くなど、日常生活に必要な体の動きをコントロールする運動器の機能が老化による衰えや痛みによって低下した状態のことを指します。

メタボリックシンドローム（内臓脂肪症候群）と同じく、生活習慣に大きく関わっています。厚生労働省の推進する「21世紀における国民健康づくり運動（健康日本21）」では、メタボリックシンドロームの国民の認知度を80%以上にする、という目標を掲げ、平成21年の調査では92.7%もの認知度を得るまでになりました。平成25年度から始まった「健康日本21（第二次）」では、ロコモティブシンドロームの国民の認知度を平成24年当時の17.3%から80%にする、という目標が掲げられています。今後10年で、ロコモティブシンドロームという言葉を耳にする機会は増えてくるでしょう。

ロコモの最大の危険因子は老化です。しかし、老化はだれにでも起こるもので、防ぐことはできません。それ以外の危険因子を取り除くことでロコモの予防を行ないます。

ロコモの代表的な症状

平成22年の国民生活基礎調査によると、65歳以上の病気・ケガの自覚症状がある人の内容を見ると「腰痛」と「手足の関節の痛み」が男女ともに上位３位以内に入っています。以下に挙げる3つが代表的な症状になります。

腰が痛い

脊柱管狭窄症《せきちゅうかんきょうさくしょう》

脊柱管の中を通っている神経がなんらかの原因で圧迫され、腰の痛みや足のしびれを起こします。

ひざが痛い

変形性膝関節症《へんけいせいしつかんせつしょう》

膝関節の軟骨がすり減り、関節炎や変形を引き起こします。痛みでひざの曲げ伸ばしに支障が出ます。

骨がもろい

骨粗《こつそ》しょう症

骨密度の減少により骨の強度が低下してもろくなります。少ない衝撃で骨折するようになります。

生活習慣の改善で危険因子を取り除く

登山を通じたロコモ予防と注意点

1 運動不足を解消して予防

ロコモは老化による筋力の低下によって起こります。運動不足は筋肉の減少を引き起こします。登山は老化による筋肉の減少を防ぐので、ロコモ予防にとても効果的です。

2 ひざや腰への負担増に注意

ロコモは激しいスポーツを行なう、あるいはハードな肉体労働に長期間従事していても起こることがあります。登山はひざや腰の関節に大きな負荷をかけることもあるので注意が必要です。

3 肥満を解消して予防

ロコモは肥満による重量増で関節の負担が大きくなっても起こります。登山のような有酸素運動はダイエットに最高です。登山を通して、肥満を解消し、ロコモを予防することも可能です。ただ、運動によるダイエットの場合、ひざに負担がかかり、痛みが出ることもあるので要注意です。

4 痩身から筋力アップで予防

ロコモは筋力の少ない人にも起こります。男性に比べ体重の軽い女性のほうが、関節の痛みを訴える人が多くなっています。これは、女性のほうが体重に比して筋力が少なく、関節に大きな負担がかかるためです。登山は足腰の筋力を強化しますので、ロコモ予防にとても効果的です。

登山は諸刃の刃!

若いころからの生活習慣もロコモの発生に影響します。運動不足でも、体やひざの使いすぎでもいけません。登山の場合、20～30代のうちから、関節に負担のないフォームを身につけ、自分の体力に見合ったコースを選びましょう。

タバコと登山

タバコは百害あって一利なし

喫煙の健康への害が取り沙汰され、公共の施設では禁煙や分煙化が進み、ますます喫煙者の肩身は狭くなるでしょう。登山においても、世界遺産の屋久島の登山道が禁煙になるなど、これからどんどん禁煙の波が押し寄せてくると思います。もちろん、登山ボディをつくるにも、タバコは「百害あって一利なし」なので、ここでもタバコの害を説明しますが、おそらく喫煙者にとって「肺ガン」や「慢性閉塞性肺疾患」、「虚血性心疾患」のリスクはすでに聞き飽きていると思います。ここでは、もう少し登山に限定した害を説明したいと思います。

1 ポイ捨て問題

昔より少なくなりましたが、いまだにタバコの吸殻がベンチの周りや登山道脇に落ちています。タバコのフィルターは分解されることなくその場に残り続けます。もし、ポケット灰皿が荷物になるというのなら、タバコ自体も持ってこないほうが荷物を減らせます。タバコを入れるスペースに非常食用のチョコレートをしのばせておけば、助かる命もあるかもしれません。

2 山火事問題

林野庁によると、平成19〜23年の間で、タバコが原因とみられる山火事（林野火災）は、1年あたりの平均で173件も起きています。山火事は、すべてを焼き尽くし、その山の生態系をも崩してしまいます。タバコも含め、登山中の火の始末には気をつけたいものです。

3 受動喫煙

街中にある飲食店などの閉鎖的な空間に比べ、開放的な山の上では受動喫煙のリスクは低くなるでしょう。しかし、きれいな空気を吸うというのも登山の楽しみのひとつです。そういった登山客のいる場所でタバコを吸うことはマナー違反です。

4 凍傷の危険性

タバコを吸うと、吸ったそばから指先や手のひらの温度が下がります。凍傷は指先などの末端に血流が行かなくなって起こります。雪山や寒い環境でタバコを吸うことは絶対にやめましょう。凍傷の危険性が高まります。また、タバコの副流煙を数秒吸っただけでも指先の体温は下がります。副流煙に気をつけましょう。

5 有酸素能力の低下

タバコを吸うと、P46の図で紹介した、血液、血管、心臓、肺、筋肉など、すべての器官において酸素・二酸化炭素を運搬・交換する機能が低下してしまいます。このため全身持久力が低下し、バテやすくなりますので、登山にとって喫煙は大敵です。

タバコの有害物質

ニコチン

交感神経系を刺激し、心拍数を上げ、末梢血管を収縮させます。

一酸化炭素

赤血球のヘモグロビンと結びつき、血液の酸素運搬を阻害します。

登山中はタバコを吸ったそばから、有酸素能力の低下や末梢血管の収縮といった症状がすぐに出ます。もちろん、日常からの断煙が登山ボディには大切です。しかしそれが不可能であるなら、少なくとも登山のときには絶対に吸わないように心がけましょう。

ストレスと登山

現代人に必要な癒しとストレス発散

近年、ストレスにおけるメンタルヘルス（心の健康）の不調を感じる人が増えています。厚生労働省が行なった意識調査では、最近1カ月間にストレスを感じた人は60%を超え、年々増加傾向にあります。とくに20〜50代といった就労世代の人がストレスを自覚している傾向にあり、一日の仕事が終わったあとの過ごし方や、休日の過ごし方などのスタイル改善が必要と思われます。

登山やアウトドアの開放的な空間は現代社会のストレス解消に効果的です。山の頂上で出会う人は皆、体は疲れていても、どこかスッキリとした、とてもよい顔をしています。登山やアウトドアの癒し効果について、少し考えてみましょう。

登山の癒し効果とは?

登山には登ること以外にも癒しがあります

登山に限らず、運動を行なうことはストレスを発散させる効果があります。他人とは競わず、マイペースに体を動かすことでストレスを発散させる人もいれば、競技性のあるスポーツを行ない、他人と競争することを楽しむ人もいるので、自分に合った運動を探すことも大切です。登山の場合、運動以外にも、旅行・観光といった楽しみもあります。気の合う仲間と一緒にきれいな風景を見たり、下山後は温泉に浸かり、おいしいものを食べたりといった楽しみ方も登山の癒し効果のひとつです。

最近では、カラフルでおしゃれな登山用品もたくさん販売されています。山でカラフルな服に身を包むだけでも、いい気分転換になります。癒しを求めて登山をするというよりも、登山が好きになっていくうちに、いつのまにかストレスがなくなっていた、という人のほうが多いようです。

アウトドアでストレスを解消する方法は?

「森林浴」や「森林セラピー」などがおすすめ

都市開発が進み、都会に緑が少なくなってくると、しだいに都市型のストレスを抱えた人が多くなりました。そのころから、森林には癒しの効果があるとされ、休みの日には家で休養するのではなく、郊外に出かけ、緑の中でリフレッシュするといったスタイルの休養が注目されはじめ、「森林浴」と名づけられました。

これまでも「森林浴」の癒し効果は「実感」されていましたが、それらの効果が最近の医学的な研究によって実証されました。医学的な根拠に裏付けされた森林浴効果を踏まえて、森林環境を積極的に活用して健康増進や疾病の予防を行なうことが「森林セラピー」です。癒し効果があると医学的に検証された全国数十カ所の森林と、資格を持った森林セラピストが、心身の健康を導いてくれています。

休日に登山をすると、かえって疲れる?

家でゴロゴロするだけが休みではありません

休養には消極的休養と積極的休養というふたつのタイプがあります。消極的休養は、横になったり、お風呂に入ったり、マッサージやエステに行ったりする休み方で、主に体のストレスを癒すことに効果があるといわれています。普段、体を動かす仕事に従事している人におすすめです。

積極的休養とは運動をしたり、習い事をしたり休日をポジティブに活動するものです。こちらは主に精神的なリフレッシュに効果があるといわれています。普段、デスクワークなどで体を動かしていない人におすすめです。

どちらか一方に偏ることなく、両方をうまく取り入れて、心も体もリフレッシュするようにしましょう。

健康的な登山ボディで登山を一生楽しむ

都会をちょっと抜け出して、大自然の中を歩けば、普段、当たり前に感じていたものが、違って見えてきます。世の中が便利になればなるほど、運動不足や栄養過多、精神的ストレスなどが増えていきますが、そうした社会で健康を維持するには、若いころからの努力が必要になるのではないでしょうか。運動を継続させるのも、食事に気をつかうのも、行動を起こす源は、すべては「心」の力です。登山の素晴らしさは、その「心」を支えてくれるところにあると思います。もっときれいな景色が見たい、あの山に登ってみたい、という気持ちを日ごろからしっかり持っていれば、きっと、楽しみながら健康的な登山ボディが手に入るでしょう。健康でさえいれば、登山は一生楽しめるスポーツです。この本に書いてあるエクササイズが、そのお手伝いになれば幸いです。

芳須 勲

著者　芳須 勲　よしず・いさお
1969年、東京生まれ。神奈川県横浜市金沢区在住。管理栄養士・健康運動指導士・日本山岳ガイド協会認定登山ガイド（stage2）の資格を持つ、「健康づくり」を専門とする登山ガイド。“いきいき登山ガイド・ヤッホー!!さん。”の愛称で親しまれ、プロフェッショナルの視点から食事指導・運動指導・山の安全管理を柱とする健康登山を推進している。プライベートでは一級小型船舶操縦士として海を旅し、アウトドア料理を研究するなど、陸海で活動を展開中。

写真／中村英史
岡野朋之（P2〜3、10）
菅原孝司（P124）
亀田正人（P126〜127）

イラストレーション／村林タカノブ

編集／佐藤慶典（アペックスデザイン）

ブックデザイン／小柳英隆（雷伝舎）

校正／戸羽一郎

モデル／YASU（B-Tokyo）

ウェア協力／
コロンビアスポーツウェアジャパン

山登りABC

登山ボディのつくり方

2013年7月20日　初版第1刷発行
2014年9月15日　初版第4刷発行

著　者　芳須 勲
発行人　川崎深雪
発行所　株式会社山と溪谷社
〒102-0075 東京都千代田区三番町20番地
http://www.yamakei.co.jp/

■商品に関するお問合せ先
山と溪谷社カスタマーセンター　TEL03-5275-9064
■書店・取次様からのお問合せ先
山と溪谷社受注センター　TEL03-5213-6276　FAX03-5213-6095

印刷・製本　大日本印刷株式会社

ISBN978-4-635-04338-0